# 所谓做销售就是搞定人

## 没有卖不了的货，只有搞不定的人

崔小西◎著



江西美术出版社
JIANGXI FINE ARTS PUBLISHING HOUSE

**图书在版编目（CIP）数据**

所谓做销售，就是搞定人 / 崔小西著 . -- 南昌：江西美术出版社，2017.5

ISBN 978-7-5480-4258-7

Ⅰ . ①所… Ⅱ . ①崔… Ⅲ . ①销售 - 通俗读物 Ⅳ . ① F713.3-49

中国版本图书馆 CIP 数据核字 (2017) 第 033771 号

出 品 人：汤　华
企　　划：江西美术出版社北京分社（北京江美长风文化传播有限公司）
策　　划：北京兴盛乐书刊发行有限责任公司
责任编辑：王国栋　陈漫兮　楚天顺　陈　东
版式设计：曹　敏
责任印制：谭　勋

**所谓做销售，就是搞定人**

---

**作　　者：崔小西**

出　　版：江西美术出版社
社　　址：南昌市子安路 66 号江美大厦
网　　址：http：//www.jxfinearts.com
电子信箱：jxms@jxfinearts.com
电　　话：010-82293750　　0791-86566124
邮　　编：330025
经　　销：全国新华书店
印　　刷：保定市西城胶印有限公司
版　　次：2017 年 5 月第 1 版
印　　次：2017 年 5 月第 1 次印刷
开　　本：880mm × 1280mm　1/32
印　　张：7
I S B N：978-7-5480-4258-7
定　　价：26.80 元

---



本书法律顾问：江西豫章律师事务所　晏辉律师

# 前　言

Preface

销售是项神奇的事业。虽然不是每个人都对这种工作有深切的了解和认识，但却没有任何一个人能脱离销售行业生活在忙碌的世界里。因为，这个世界的正常运转需要销售，这个社会的稳定前进更需要销售，个人要得到迅速发展，更需要销售。

销售，不但是维持生存的工具，更能够以昂扬的姿态打响个人品牌。而对于憧憬越来越美好，但现实竞争越来越残酷的销售行业来说，如果想马到成功，除了实时更新、升级你的技巧内存外，还有更关键的一个步骤，那就是按下客户的心动钮。

销售，就是要搞定客户！

或许你已经有了深深的领悟，开始一心一意对客户表达浓浓的爱意。但回过头来专注销量，却发现自己仍在低处不断挣扎，成功之峰仍远在海角天涯，这是为什么？而随着市场成熟度的逐步提高，销售员吃惊地发现客户的谈判能力也越发高超。以前行之有效的销售策略和技巧，现在也难以奏效了!当然，如果仅仅是客户单方面的能量加强，销售员只要去读心理学的课本，洞悉人心就可以了。实际上做销售远远没有这么简单。

销售是一个需要瞬间抓住人心的行业。在迈出第一步之前，你需要做的准备就是在这次狂风暴雨的旅行中，结识你的客户，与他们成为生意中甚至是生活上的朋友。这一切都需要读懂人心，需要掌握科学的心理技巧和说服方法。

只要你懂得构建人脉，懂得掌握客户的心理，在实际工作中巧妙地根据他们的每一种心态变化加以引导，就能够在实际操作中逢山开道，遇水搭桥。这种真实的技巧可以让销售员更精明，让工作更有效率，让谈判更加顺利，让业绩有飞速的提升……

本书通过构建销售人脉、捕捉人脉财运、拜访客户、读懂人心、心理操控、人情营销、读心术等方面，详细描述了一幅客户图谱，让你从智慧的语言中，从轻松的阅读中，从精妙的故事中，从点滴的思索中领悟到销售的真谛，掌控操纵人心的强大力量。从而更加强烈地热爱这个可以将任何人的梦想都变为现实的职业。

这是一本集实用、轻松为一体的销售指南，书中讲述了如何运用销售搞定人的战略步骤和技巧。只要你态度积极、策划周密、述说有力，就一定能成功打动客户！本书特别适合在客情关系处理中摸不着头绪的销售员。书中阐述了多个实用观念和实战技巧，相信任何层次的销售员都能在本书中找到解决难题的秘药良方，使得销售工作更加得心应手。

谨以本书献给征战在第一线的销售精英。

# 目　录
Contents

## 上篇　玩转情商：销售就是要搞定人

### 第一章　发现潜在的“准客户”



### 第二章　应对不同类型的顾客

## 第五章　培养各种人际关系



# 下篇　绝对成交：搞定客户是门技术活儿

## 第六章　激发客户购买欲望



## 第七章　看透客户心理弱点

上篇

# 玩转情商：销售就是要搞定人

成功的销售员都知道：销售拼的不仅是硬技巧，更需要玩转情商！

在网络信息时代，传统的销售模式已经不能够应对越来越“刁钻”的客户，而已经具备良好销售技能的你又为何不能够轻松签下订单，得到回报呢？你的客户为何总是举棋不定？这一切都和情商有关，了解销售中的情商运用，开启销售新方式！

# 第一章
# 发现潜在的“准客户”

客户是销售人员的衣食父母，而对于初出茅庐的销售新人来说，最难办的问题就是怎样找到客户。只有找到了客户，你的销售业绩才能节节攀升。因此，作为一名销售新人，你必须充分重视客户，并不断培养自己开发客户的本领和技能。寻找客户并不难，引用销售行业里的一句名言就是：客户潜伏在你身边。

## 谁是你要寻找的准客户

成功销售是建立在有效客户基础之上的，怎样才能更好地发挥自己的口才技巧去开发更多的客户呢？首先要了解客户的购买心理。

对销售人员来说，只有拥有足够多的准客户，才有可能实现比较理想的业绩目标。许多人之所以没有成为成功的销售人员，原因是没有注意到准客户的重要性！更不懂得如何去开发新的客户。

销售是一项富有开拓性的工作，它要求销售人员大胆地去迎接一切挑战，将遇到的每一个人都当作自己的准客户。如果认为这些人都不能成为自己的客户，那么销售工作迟早会步入绝境。

有一个故事很能说明这个道理。

很久以前，有一个非常勤劳的农夫，他的勤劳感动了上帝。于是上帝托梦告诉他，说海边有一块比其他石头都要热的石头，它可以点石成金。于是这位农夫就到了海边，在成千上万的石头中开始寻找那块神奇的石头。他捡起一块石头，摸一摸它的温度，但总觉得没有其他的石头热，于是就把这块石头扔进大海。接着，他又捡起一块，觉得还不是，就又把它扔进大海。就这样，第三块，第四块……

一天又一天，他早出晚归，将一块块石头扔进大海。他坚信自己一定能找到那块更热的石头。

一年又一年过去了，他的决心仍然没有动摇。但他扔石头的动作却成了一种习惯。终于有一天，最后一块石头被投入了大海。他仍然没有找到那块更热的石头。

这个故事告诉了销售人员这样一个道理：在寻找客户的时候，不能像那个农夫那样一心想“找到更热的石头”，应该认真地对待捡起来的每一块“石头”。不论在哪里，面对的是什么人，都要有“客户就在这些人当中”的不放弃精神。只有这样，销售人员才能找到能点石成金的“石头”。其实，准客户就在茫茫人海中。

那么，到底什么样的人才算得上准客户呢？所谓准客户，就是有可能购买产品的客户。作为准客户，至少具备以下三个条件：

1. 有购买力

这是最为重要的一点。在考察每个客户时一定要分析如下问题：他有支付能力吗？他买得起这些东西吗？比如，向一个月收入只有2000元的普通工薪族推销一部奔驰车，尽管他很想买，但他能买得起吗？

2. 有购买决策权

在实际运作中，销售不成功的一个很大影响因素就是，销售人员辛辛苦苦找到的人却没有最终的购买决定权。

小刘是某个广告公司的业务员，他与一家公司副总谈了两个月的广告业务，彼此都非常认同，但最终却没能达成任何交易，因为该公司的总经理是副总的太太，而她最后否定了这笔交易。就这样小刘白白浪费了很多时间。

有时，使用者、决策者和购买者不是一个人，如想买玩具的小孩儿是使用者，决策者可能是妈妈，购买者可能是爸爸。

3. 有现实需求

除了购买能力和决定权之外，还要看准客户是否有需求。比如一个人刚买了一台洗衣机，销售人员再向他销售洗衣机，尽管他具备购买能力和决策权，但他没有需求，自然也就不是要找的准客户。

只有具备以上三个条件的人才是销售人员要找的准客户。但在实际操作中，也可能会碰到以下状况，到时候应该根据具体状况来采取相应的对策：

（1）M1+A1+N1：是理想的销售对象。

（2）M1+A1+N0：运用熟练的销售技术，有成功的希望。

（3）M1+A0+N1：可以接触，但应设法找到具有A的人。

（4）M0+A1+N1：可以接触，需调查其信用条件、业务状况等给予融资。

（5）M1+A0+N0：可以接触，应长期观察、培养，使之具备另一条件。

（6）M0+A1+N0：可以接触，应长期观察、培养，使之具备任一条件。

（7）M0+A0+N0：可以接触，应长期观察、培养，使之具备另一条件。

（8）M0+N0+N0：不是客户，应停止接触。

上述各式中，M代表购买力；A代表决策权；N代表需求；1代表有；0代表无。

从上述状况来看，潜在客户有时虽欠缺某一条件（如购买力或购买决定权等），但仍然可以开发，只要应用适当的策略，便能使其成为新客户。

要成为一名成功的销售人员，就得培养一个牢固的准客户的基础。要想保持这一基础的牢固，销售人员就要不断地、有效地找到准客户。当然，应该首先花主要精力去寻找M+A+N，这样不但可以省时省力，还可以多利。

## 寻找准客户：听、看、想

销售人员在寻找准客户时不能太盲目，必须掌握一些基本方法。这种方法其实也很简单，最重要的就是用心和坚持。市场是最大的课堂，客户是最好的老师。所以，销售人员要懂得在实践中去学习、总结，注意多听、多看、多想。

寻找准客户的方法有以下三种：

1. 企业内部搜索法

在大多数情况下，搜索准客户，首先应该从本企业内部获得有关客户的信息资料，这样既准确快捷，又省时省力，可以说是一条切实可行的捷径。

2. 人际连锁效应法

（1）介绍法。通过现有客户来挖掘潜在客户。在现有客户的配合协助下，常常可以找到许多准客户。因此，销售人员千万不要忽视老客户的作用，要学会培养一批忠诚的老客户，并运用这些客户的力量获得更多的准客户名单。因为，每个人背后都有很多朋友。

（2）交换法。与其他公司的销售人员交换客户名单。

3. 市场调查走访法

假如通过上述两种方法都不能如愿，那么销售人员就需要进一步扩大搜寻区域，这就需要通过市场调查走访来开拓潜在客户。

市场调查走访法是指在更大的区域和更广的视野内实现销售战略的一种方法。打个比方说，如果从企业内部和从已有客户及亲友中寻找客户是“用渔竿钓鱼”，那么，从市场调查中搜索准客户则是“用网打鱼”，这种方法覆盖面广，往往容易取得较好的销售绩效，找到更多的潜在客户。

市场调查走访法要求销售人员做到以下两点：

第一，随时随地寻找准客户。一个优秀的销售人员会随时随地寻找准客户。而各类社交活动就是寻找准客户的最佳时机，如喜宴、葬礼、座谈会、演讲会等。例如，陈小姐大学毕业后来广州工作，在一家电器公司做推销员。初来乍到、人生地不熟，于是她周六、周日必去登山，演唱会、音乐会等也一定去，可谓每会必到。由此，在短短的时间内认识了很多准客户，业务做得很红火。

第二，大范围地发送名片。每一位销售人员都应设法让更多的人知道你是干什么的，推销的是什么商品。这样，当他们需要这些商品时，就会想到你。你可以利用一些有益的社交活动认识一些人，让更多的人知道你。在这个时候就要利用你的名片了。

你的名片一定要有特色，让它不至于被对方忽视或遗忘，或在你发放给他人的第二天在垃圾桶里找到它。

每个人都使用名片，但乔·吉拉德的做法与众不同：他到处递送名片，在商场购物时递、在餐馆就餐付账时递，甚至利用看体育比赛的机会都推广自己。他订了体育比赛最好的座位，带去10000张名片。当人们为明星的出场而欢呼的时候，他把名片扔了出去。

他认为，正是这种做法帮他做成了一笔笔生意。当人们要买汽车时，自然会想起那个抛撒名片的推销员，想起名片上的名字：乔·吉拉德。他的成就正是来源于此。

有人就有客户，如果你让他们知道你在哪里、你卖的是什么，你就有可能得到更多的机会。

## 原一平的绝招：收集信息

一个销售人员对于准客户的调查，不必考虑太多，也不可犹豫不决。机会稍纵即逝，所以必须立即行动、紧迫盯人、咬住不放。只有不断寻找机会的人，才能够及时把握住机会。

一个杰出的销售人员，非但是一名好的调查员，还必须是一个优秀的新闻记者。销售人员在与准客户见面之前，对准客户的资料一定要了若指掌，以便在见面时，能够流利地说出准客户的职业、子女、家庭状况，甚至他本人的故事。由于句句逼真亲切，才能很快拉近彼此的距离。

所以，在与准客户见面之前，调查的结果起码要能达到与准客户见面的时候，就对方而言，是平生第一次见到你，但对你而言，已经摸清了他的底细，犹如10年的老友了，否则绝不与他见面。推销成功与否与事前调查工作的好坏成正比。

下面以日本“推销之神”原一平为例，看看他是怎样收集信息的。

有一天，原一平搭计程车去办事，车子在十字路口被红灯拦截下来。紧跟其后的一部黑色轿车也被红灯拦下，与他的车子并列。

原一平转头望着那部豪华的轿车，车内坐着一位头发已斑白但颇有气派的绅士，他正在闭目养神。

红灯转绿，那部黑轿车起步较快，开在原一平车子的前面。轿车车牌是自用车的白号码。

他立刻掏出笔记簿，记下了车牌号码。

不久之后，两部车因目的不同而分道扬镳。

就在当天，原一平把事情办妥之后，立即打电话到监理所查询。

“您好！打扰您了，请问白号码的某某号是哪一单位的车子呢？很抱歉，我有急事，麻烦您查一下。”

等了一会儿，监理所查出了那是F公司的自用轿车。原一平深深致谢之后，立刻打电话给F公司。

“您好！是F公司吗？请问贵公司某某号的黑色轿车是哪一位先生搭乘的？”

“请问您是谁啊？”

“敝姓原，名一平。”

“您问这个干什么呢？”

“没什么，只不过今天在街上碰见了这部车，车内的那位先生好面熟，所以才冒昧打听一下。”

“哦！请您等一下。”

“谢谢！”

过了一会儿。

“某某号是M常务董事的车子。”

“非常感谢您，再请问一下，他平常大约什么时候下班呢？”

“不太一定，大约在下午5点至5点半左右。”

“谢谢！谢谢！打扰您了。”

到这里，第一回合的调查圆满结束。于是，他对M常务董事展开第二回合的调查行动。这包括：他的学历、出生的地方、兴趣、爱好、F公司的规模、营业项目、经营状况，以及他住宅附近的地图。

M常务董事毕业于T大学，在F公司从基层干起，逐渐攀升到今天的地位，有多方面的兴趣。

到此为止，原一平大约掌握了M常务董事的轮廓。

调查至此，原一平想起了那位在轿车中闭目养神的气派的绅士。他把调查所得的资料，与看到的第一印象互相对比之后，将第一印象稍加修正，就得到M常务董事的雏形——一位全身散发柔和气质，颇受女性欢迎的理智型企业家。

从资料上，原一平已经知道M常务董事是某某县人，所以，他的第三回合就是打电话到同乡会查询进一步的资料。

“请问，是某某同乡会吗？我也是某某县人，请问一下，您是否知道下一次同乡会的举办日期？”

“是在某月某日。”

“谢谢，我一定准时参加。对了，F公司的M常务董事也是我们同乡，您认识他吗？”

“岂止认识，很熟啊！”

“阿弥陀佛，老天保佑。”原一平高兴得差一点叫出来。

“很久没有看到他了，他最近可好？”

“他看来很健康，您知道的，他为人幽默、风趣又热心，每次同乡会他都参加。”

“对了，他一向很出风头的，今天听您说他近况良好，我就放心了，谢谢您。”

只打了一通电话，又增加了幽默、风趣与热心等宝贵资料，原一平马上把它记录在资料卡上。第三回合的调查工作至此告一段落。

如果说到目前为止所调查的成果只是一副骨架，第四回合的工作就是要给这副骨架加上血与肉。

于是，原一平带着地图，按照M常务董事的地址，来到他住宅附近勘察地形地物。

那是位于高级住宅区的一幢二层洋房，看起来还很新，盖好不会超过3年。突出的阳台，可俯望屋外的院子，院子里铺满了青翠的短草，并种植了若干种树木。真是一幢令人心旷神怡的好房子。

由于原一平今天的目的在调查而不在访问，所以当他看清了上述各点之后，就从那扇淡褐色的大门前面走过。

他走到附近的鱼摊、肉摊、菜摊以及杂货店，再次打探消息。

“请问住那幢洋房的M家，通常是谁来买东西啊？”

“有时是太太，有时是小姐。”

“哦！他家的小姐年纪很大了吧？”

“嗯！好像已经高中毕业了。”

“请问M家有多少人呢？”

“……”

“M先生比较喜欢吃哪一类的东西呢？”

诸如此类的问题，只要有助于深入了解M常董本人与他的家室的话，原一平都尽量在他住宅附近询问、打听，以便获得比前三个回合更详细的资料。

第四回合的现场调查工作完成之后，第五回合就是追踪M常务董事本人。

原一平早已知道M常务董事的上班时间，所以他选定一天，在F公司的大门前等候。

下午5点，F公司下班了。该公司的员工陆续走出大门，每个人都服装整齐、精神抖擞，并愉快地在门口挥手互道再见。F公司的规模看来不大，但是纪律严明，而且公司的员工都上上下下充满朝气和活力。

原一平立刻把眼前这一幕记在资料卡上。

5点半整，有一辆黑色轿车驶到F公司大门前，他仔细一看，白号码的某某号——是M常务董事的座驾，他突然紧张起来。很快地，M常务董事出现了，虽然原一平只见过他一次，但经过四回合的调查之后，对他已经非常熟悉，所以一眼就认出他来了。

看到M常务董事上了车，原一平马上叫了一部计程车。

“请追踪那部黑色轿车。”

“是的。”

“快追，千万不能让它跑掉了。”

“是！是！”

司机一边应声，一边急踩油门紧紧追了上去。

这时若干思潮涌上了原一平心头：

M常务董事直接回家去吗？

还是去应酬喝酒呢？

会有情人吗？应该不会的，但人不可貌相啊！

为了求证上述的问题，当然要锲而不舍地追踪下去。

## 问清客户的相貌特征

当有人向销售人员介绍准客户时，最好能向介绍者问清楚准客户的相貌、特征，如：脸形是长的还是圆的，眉毛的粗细与浓淡，发型与黑痣等。若没有介绍人，务必找人问出准客户的体态特征，以免在推销时做无用功，甚至闹出笑话。下面这个例子值得反思：

小林是某保险公司的业务员，经人介绍去拜访M公司的总经理，可是无论什么时候前去总经理的住处拜访，总经理不是没回来，就是刚出去。每次开门的都像是一个颐养天年的老人。老人总是说："总经理不在家，请你改天再来吧！"

"你们总经理是个大忙人，请问他每天早上什么时候出门上班呢？"

"忽早忽晚，我也搞不清楚。"

不管小林用什么旁敲侧击的方法，都无法从那个老人口中打听出任何消息，他心想："真是一位守口如瓶的怪老头。"

就这样，在以后的一年零六个月中，小林前前后后一共拜访了该总经理32次，每次都扑空了。刚好有一次，小林去拜访住在总经理家附近的一位从事布料生意的Y先生。在访问Y先生时，顺便请教他：“请问住在您对面那幢房子的总经理究竟长什么模样呢？我在一年零六个月里，一共拜访他32次，却从未碰过一次面。”

“哈哈！你实在太粗心大意了。喏！那边那位正在浇树的老人家，就是你要找的总经理。”

“什么！”

小林大吃一惊，因为Y先生所指的人，正是那个每次对他说“总经理不在家，请你改天再来”的老人。

小林有一种被戏弄的感觉：“糟老头子，竟敢耍我，哼！你就等着瞧吧！”

小林双手环抱胸前，静静地等他浇完树，心想：“气死人了，原来一直守口如瓶的怪老头，就是我要拜访的总经理，我真是有眼无珠，我还有资格当推销员吗？真羞死人啦！”

浇树的工作还在进行。他点燃香烟，深深吸了几口，心中那股怒气逐渐平息下来。

现在是两个人比耐性的时刻，谁沉得住气、坚持久一点，谁就可以赢得最后的胜利。

小林很有耐性地点燃第二根香烟，并观察那位老人——瘦巴巴的身子配上一副顽固的脸，他一定是个相当固执的人。像他这样的人，一旦进行一件事之后，一定是不到满意绝不罢手的！

一直到小林抽完第二根烟，他才直起了腰，打个哈欠，收起喷壶，从后门走进去。

小林吸了两口气，发现自己激动的情绪已经平稳下来。于是走上前去，轻轻敲敲他家的前门。

“请问有人在吗？”

“什么事啊？”

应声开门的还是那位老人。脸上一副不屑的样子，意思就像在说：“你这小鬼又来干什么！”

小林倒是平静地说：“你好！承蒙您一再地关照，我是从保险公司来的林刚，请问总经理在家吗？”

“哦！总经理吗？很不巧，他今天一大早去演讲了。”

老人家神色自若地又说了一次谎。

“哼！你自己就是总经理，为什么要欺骗我呢？我已经来了32次了，难道你不知道我来访问的目的吗？”（说话的同时，小林握紧拳头，猛敲了一下门板）。

“谁不知道你是来推销保险的！”

“真是活见鬼了！向你这种一只脚已进棺材的人推销保险的话，我还能卖出保险吗？再说，我们M保险公司若是有你这么瘦弱的客户，岂能有今天的规模。”

“好小子！你说我没资格投保，如果我能投保的话，你要怎么办？”

事情愈演愈烈，小林发觉自己已经不是在推销保险，而是在争吵了。既然已经骑在虎背上，他决定坚持到底。

“你一定没资格投保。”

“你立刻带我去体检，小鬼头啊！要是我有资格投保的话，我看你的保险饭也就别再吃啦！”

“哼！单为你一人我不干。如果你全公司与全家人都投保的话，我就打赌。”

“行！全家就全家，你快去带医生来。”

“既然说定了，我立刻去安排。”

争论到此告一段落。小林判断总经理有病，会被公司拒绝投保，所以觉得这场打赌赢定了。

数日后，小林安排了所有人员的体检。结果，除了总经理因肺病不能投保外，其他人都变成了他的投保户。这一次的成交金额打破了小林自己保持的最高记录，而且新记录的金额高达旧记录金额的5倍之多。

从上面案例中不难看出，愈是难缠的准客户，其潜在购买力越强。但是，小林由于不认识准客户的相貌，竟然在一年零六个月里，白跑了32趟。可笑的是，已经与准客户见过多次面了，却还在拼命寻找准客户。这个例子虽然比较极端，但作为销售人员的你也应引以为鉴。

## 了解客户及家人的兴趣

销售人员在收集客户信息时，不仅要了解客户的兴趣爱好，同时要了解他的家人、亲朋好友的兴趣爱好，这对推销成功与否至关重要。请看下面这个例子：

艾伯特·莱文在纽约的一家大银行供职。有一次，他被指定准备一份有关某公司的机密报告。莱文了解到，只有一个人掌握着他急需的情报，这个人就是某大工业公司的总经理。于是，莱文前去拜访他。

当莱文被领进总经理办公室时，有位年轻的女子从门里探出头来告诉总经理，说她今天没邮票给他。

总经理对莱文解释说："我在替我那12岁的儿子收集邮票。"

莱文说明了来意，并开始提问。但那位总经理却显得心不在焉，他言辞闪烁，根本无心向莱文透露半点情报。就这样，莱文的第一次造访失败了。

该怎样使那位总经理打开话匣子呢？莱文绞尽脑汁，终于，他想起了那位年轻女子的话。银行业务部不是收集有许多邮票吗？那些邮票还是从五湖四海的来信上剪下来的，一般人很难弄到。

第二天下午，莱文又去拜访那位总经理。莱文对传话人说："请转告你们的总经理，我为他儿子弄到了一些邮票。"

总经理满脸堆笑地接见了莱文，他一边翻弄那些邮票，一边不断地说："我的乔治一定喜欢这张的，看这张！这是珍品！"

总经理还兴致勃勃地拿出儿子的照片来，他们谈了差不多半个小时的邮票。

在接下来的一个小时里，总经理主动把他所知道的一切和盘托出，并把他的属下叫来询问，还给他的合作伙伴挂了电话。向莱文提供了大量的事实、数据、报告和信件。

由此可见销售人员懂得“投其所好”的重要性。

## 依靠公司资源开拓客户

销售员所在的公司是最容易使用的资源，而且它肯定能为你提供帮助。专业推销员应充分利用公司内部的各种对搜寻有帮助的信息、人员和手段。

公司内部可利用的信息、人员和手段主要有以下几个方面：

1. 当前客户。公司的其他部门可能正在向你不知道的一些客户进行推销。你可以从这些部门获得客户目录清单以及与这些客户有关的有价值的信息。这些目录清单可能包括一些你以前忽略掉的潜在客户。由于这些客户是你公司的老主顾，所以非常有理由相信他们会对你提供的商品或劳务感兴趣。

2. 财务部门。公司的财务部门能帮你找到那些不再从公司买东西的从前的客户。如果你能确定他们不再购买的原因，那么就有机会重新赢得他们。这些潜在客户熟悉你提供的商品或劳务，而且公司的财务部门对其信用也表示认可。另外，公司的财务部门可能还有与这些潜在客户签定信用合同的各种记录。现在正是利用这一资源的大好机会。

3. 服务部门。公司服务部门的人员能向你提供新的潜在客户的信息。因为他们经常与购买公司产品并需要维护或维修的客户进行接触，因此，他们更容易识别出哪些客户需要新的产品。销售人员要学会鼓励服务部门的人员提供有关潜在客户的各种信息，在他们的帮助下推销成功时，要给予他们一定的回报。公司的送货员也容易发现潜在客户的需求。最后，别忘了与非竞争对手企业的服务部人员进行合作。

彼德是一名杰出的“别克”汽车推销员。公司内的其他推销员非常奇怪为什么那么多客户来了以后都直接找他订货。彼德之所以有这么好的生意，靠的全是他与公司服务部门保持着良好的关系。每当机械修理师发现有寿命快到期的轿车而且车主有买车愿望时，他们便把这一信息告诉彼德。然后，彼德会打电话给这名车主，并许诺如果从他这里买车，他会提供最大的优惠。

当销售成功时，彼德就从佣金中分一部分给机械师。

4. 公司广告。很多公司订货增加是因为它们做了大量电视和广播的广告，或是在报纸杂志上做了大量宣传，要么就是在特定区域内寄送了大量优惠卡。人们对这些措施的反应予以注意——他们为什么会有这样的反应呢？一般情况下，有这些反应的人被称为活跃的潜在客户。在你的销售过程中要尽量发挥公司广告所带来的好处。

5. 展销会。每年有成千上万次展销会举行，有汽车展销、旅游用品展销、家具展销、电脑展销、服装展销、家庭用品展销等，名目繁多。公司要记下每个到展销柜台参观者的姓名、地址和其他有关信息。然后把这些信息交给推销人员，以便他们进行跟踪联系。公司一定要迅速找到并吸引这些潜在客户，因为展销会上的其他公司同样会对这些潜在客户感兴趣。所以，你一定要争取先拥有他们。

6. 电话和邮寄导购。很多公司寄出大量的回复卡片，或是雇人进行电话导购联系。用这一方法可以获得大量潜在客户。而且，几乎所有的公司都可以用这一方法吸引感兴趣的潜在客户。

因此，要努力使你能通过应用这一方法获得好处。

## 利用个人资源开拓客户

虽然公司及外部资源会提供给你很多潜在客户的信息，但是，所有的销售人员还必须要依靠个人的积极性，努力培养潜在客户，游说兜售这种技巧的主要依据是概率原则。

假定你拜访了相当数量的家庭和客户，那么肯定会从其中发现一些潜在客户。例如，在上门推销的方式中，如果拜访了所有的家庭，那么你肯定会推销出几件产品。很多产品和服务，如大英百科全书、吸尘器、化妆品、家庭日用品、壁画、保险等，都可以用这种方式推进销售。游说兜售也可以用于厂商与厂商之间的交易。例如，汽车生产厂家的推销人员通过拜访某一特定地区的所有汽车代销商也可以创造良好的销售业绩。

游说兜售适用于有流行趋势的产品或服务。当然，这种方式也有一些弊端，它由于接触了大量客户，结果不可避免地浪费了很多时间。不过，通过销售人员的慎重选择，销售的成功率是可以提高的。例如，百科全书的推销员可以不必对每家每户进行推销，他只需选择有小孩的家庭进行集中推销即可。此外，要善于利用下列个人资源：

1. 侦察员。销售人员可以利用所谓的“侦察员”来获得有关潜在客户的线索。侦察员可以有多种来源：他们可以是家庭主妇或退休人员，利用闲暇时间来为销售人员打电话；他们也可以是学生，利用课余时间从事上门推销工作。任何可以被用来发现潜在客户的人都可以被称为侦察员。汽车销售经纪人可以向汽车保险销售商提供潜在客户的名单。房屋装修人员可以向搬家公司提供潜在客户的名单。利用侦察员可以节省时间并提高推销人员销售的成功率。当销售完成时，侦察员可以获得佣金报酬。

2. 朋友或熟人。潜在客户有时也许就在你身边，不要忽视你的熟人。如同其他人一样，你的朋友对各种产品和服务也有相当广泛的需要。人寿保险公司通常要求其新职员从他们身边的熟人开始做起。这种方式对于很多其他的产品和服务也比较适用，例如房地产、旅游和安全保险等。

3. 关系网。简言之，关系网是一种交际的技巧，而要想形成一个有效的关系网，你必须遵循以下几个原则：（1）结识你可能认识的所有人；（2）让你所结识的人了解你的工作；（3）找出他们中间的潜在客户。

4. 个人的机敏。寻找潜在客户的手段有很多种，但是，没有任何一种东西能够代替对自身周围机会的敏感：竖起你的耳朵，睁大你的眼睛。有些销售人员对自身周围的每一个机会都十分敏感，而有些销售人员对撞到身上的机会都视而不见。

在随意的闲聊中所获得的信息有时是很重要的商业机会。新闻报道中也许有很多线索。招聘新员工的广告意味着某个企业的业务扩展。节日也会提供销售机会，有时，天气的变化也会刺激人们购买某些产品的欲望。销售人员应时刻注意并充分利用这些机会。

## 请人介绍来拓展客户

对很多销售人员来说，感到最头痛也最吃力的事情，就是开拓潜在客户。其实事情远远没有你想象的那么困难，你现有的客户群就可以好好再开发。

注意分析一下你收集来的客户资料，你将不难发现，在现有客户群中，还隐藏着很多潜在客户，存在很大的客户市场，等待你去开拓！怎么开拓呢？

有一种很好的方法叫作“转介绍”，也就是让现有的客户帮你介绍新的客户。

这是开拓潜在客户最为有效的方法之一，也是保证你不断获得潜在客户的重要资源。通过转介绍，还可减少初次拜访的陌生感，同时有现有客户的认可，更具有先入为主的说服力，赢得潜在客户的认可，促成交易。如此，你的客户群就像滚雪球一样，越滚越大！

1. 让客户认可你

你要向客户提出请求，并解释什么是转介绍。只有得到客户的认可，客户才会把朋友的近况及家庭情况告诉你。

具体来说，获得客户认同要做到两点：

（1）要有责任感，笃守信誉。在经营活动中，一定要重信誉、讲信用，以实际行动赢得客户信任，客户才乐意做转介绍。

（2）给客户提供满意的服务，只有以真诚服务打动客户的心，才会获得客户的认可，客户才会放心地把你推荐给朋友，自愿反馈朋友信息给你。

让客户认可你，这是很重要的一步，迈出这一步，后面的事情就好办了。但如果你遇到拒绝提供转介绍的客户，就应该尽快找出客户拒绝的原因，打消客户的顾虑，解除客户的担忧。

2. 获得潜在客户的资料

当你获得客户的认可后，他会把一些潜在客户的详细资料提供给你。你在收集这些资料时，主要掌握潜在客户的姓名、年龄、家庭及单位地址和电话号码、教育背景及未来计划，同时还需掌握潜在客户的兴趣、情感与性格。这样，你就对潜在客户有了大致的了解和认识，轻松掌握潜在客户的生活详情，为陌生拜访客户奠定基础。

3. 准确锁定潜在客户

根据掌握的资料，认真对潜在客户进行筛选，选择最具有可能性和最具购买实力的潜在客户做拜访，锁定为主攻对象。锁定客户后，选择恰当的拜访时间、方式、话题，精心为潜在客户设定计划。

虽然是陌生拜访，但对客户资料了如指掌，就能做到介绍得心应手，句句说到潜在客户心坎上；再则你是经朋友介绍来的，潜在客户不会拒你于千里之外，更不会为难你，甚至还会产生一种亲切感、信任感。可以借助自己为客户提供的服务，用事实证明自己的信誉与能力。如此双管齐下，作用更为明显，相信会事半功倍。潜在客户也会接受你的观点，成为你的客户，最后促成交易。

## 与潜在客户长期接触

作为一个最优秀的销售人员，应该了解何时该“温和地推销”，何时该默默地走开。富裕及有钱的人总是对人保持提防的态度，对于这些极有潜力的未来客户，销售人员应该尽力接近他们而不是让他们从一开始就抱有戒心。客户总是与别人不同，你如果强硬推销，结果总是会遭到拒绝，经过一段时间发展得来的关系才会更长久。

高尔夫球是查利最喜欢的娱乐之一，在打高尔夫球时，他总能得到彻底放松。在上大学期间，查利是格罗斯高尔夫球队的队长。虽然如此，他的首要原则就是在打高尔夫时不谈生意，尽管接触的是一些极好的客户，事实上就是他所在的乡村俱乐部的会员。查利习惯于把个人生活与生意区分开来，他绝不希望人们认为他利用关系来推销。也就是说，在离开办公室后，查利不会把个人的娱乐与生意搅在一起。

查利这样做并不是说所有的高尔夫球伴都不是他的客户，只是说他从不积极地怂恿他们同他做生意。但从另一个角度来讲，当他们真心要谈生意时，查利也从不拒绝他们。

拉安是朱利建筑公司的经理，该公司很大而且能独自提供用于汽车和家具的弹簧。该公司的规模在马萨诸塞州洛韦尔城仅次于王氏公司。

查利与拉安在俱乐部玩高尔夫球双人赛。他们在一轮轮的比赛中玩得很高兴。后来，过了一段时间，他们就经常在一块儿玩了。他们俩球技不相上下、年龄相仿、兴趣相投，尤其在运动方面。随着时间的推移，他们的友谊逐渐加深。

很显然拉安是位再好不过的潜在顾客。既然拉安是位成功的商人，那么跟他谈论生意也就没有什么不正常的。然而，查利从未向他建议做他的证券经纪人。因为，那不是查利的方式。

查利和拉安有时讨论一些有关某个公司某个行业的问题，有时拉安还想知道查利对证券市场的总体观点。虽然拉安从不回避回答这些问题，但查利也从未表示非要为他开个户头不可。

拉安总是时不时地要查利给他一份报告，或者他会问："你能帮我看看佩思尼·韦伯的分析吗？"查利总是很乐意地照办，但他从未曾建议做拉安的经纪人。

一天，在晴朗的蓝天下，拉安把手放在查利的肩膀上说："查利，你帮了我不少忙，我也知道你在你那行干得很出色。但你从未提出让我成为你的客户。"

"是的，拉安先生，我从未想过。"

"那么，查利，现在我告诉你我要做什么，"他温和地说，"我要在你那儿开个账户。"

查利笑着让他继续说下去。

"查利，就我所知，你有良好的信誉。就以你从未劝我做你的客户这点来看，你很值得我敬佩，实际上我也基本遵守这一点。我同样不愿意与朋友在生意上有往来。现在既然我这样说了，我希望你能做我的证券经纪人，好吗？"

接下来的星期一上午，拉安在办公室给查利来电话开了账户。随后，拉安成为了查利最大的客户。他还介绍了几个家庭成员和有生意往来的人，让他们也成了查利的客户。

这桩看似轻而易举的生意，其实是与客户长期接触、赢得顾客的信任与尊重而获得的，这其中与潜在客户长期接触时的言谈尤其重要，不能流露出功利心，这也是查利取得成功的关键。

# 第二章
# 应对不同类型的顾客

不同顾问有不同的性格类型。性格不同，其所支配的心理、行为等也不相同。销售员如果能读懂不同顾客的性格特征就能更加容易揣摩顾客的内心，实现成功推销。

## 对沉默型顾客：多提问题

沉默型顾客在整个推销过程中表现消极，对推销冷淡。业务员与这类顾客进行沟通时很容易出现僵持局面。沉默型顾客对对方的任何陈述或激情都无动于衷，他们好像对任何事情都胸有成竹，自己的想法决定一切。一般来说，沉默型顾客有以下表现：

例1：顾客走进店里，巡视柜台或仔细审视某种商品。店员上前招呼："欢迎光临。"当看到顾客手上商品色泽鲜艳，就问："给您孩子用吗？"如果商品样式保守，就问："给老人用吗？"可是无论店员怎样招呼，顾客仍保持着惊人的沉默，一言不发，搞得店员尴尬不已。

例2：一位顾客走进汽车展示厅，业务员随即上前提供服务，下面是他们的对话。

业务员："您希望拥有一辆什么样的车子？"

顾客："哦！"（抬头看了对方一眼）

业务员："您更看中的是车子的哪一点？价格、款式、品牌……"

顾客："什么都不是。"（又向另一个方向走去）

业务员："那您……"

无论业务员如何努力地试图接近这位顾客，顾客始终表现得很冷淡。

在业务员和顾客的谈话过程中，顾客对业务员的服务，始终表现得很沉默，让人难以接近。沉默型顾客可以分为两类，可称为天生沉默型和故意沉默型。

1. 天生沉默型

这类顾客在与业务员的沟通过程中并非假装没听到，也不是对什么不满，只是天生的性格使他们不爱说话。例 1 中的那位顾客就属于这种类型。

应对这类顾客，业务员可尽量诚恳地为顾客解说或从其反应中了解顾客的意向，然后对症下药。有时业务员也可以提出一些简单的问题来激发顾客的谈话欲。如果顾客对商品缺乏专业知识并且兴趣不高，推销员此时就一定要避免讨论技术性问题，而应该就其功能进行解说，以打破沉默；如果顾客是由于考虑问题过多而陷入沉默，这时不妨给对方一定的时间去思考，然后提一些诱导性的问题试着让对方将疑虑讲出来以便大家协商。

在例1中的那位营业员可以对顾客这样说：“小姐，您手上拿的那款皮包配您的这套连衣裙很合适……”

2. 故意沉默型

此种顾客在沟通过程中，他的眼睛不愿正视你，也不愿正视你的样品，而又略有东张西望心不在焉的表情，则十有八九是装出来的沉默，是对产品及拜访不感兴趣，但又不好意思拒人千里之外，故只好装出沉默寡言的样子让你知难而退。例 2 中的那位顾客就属于这种类型。

遇到此种顾客，寻找话题，提出一些让对方不得不回答的问题让他说话，以拉近彼此距离，多花时间再导入正题。如果顾客由于讨厌推销员而沉默，推销员这时最好反省一下自己，找出问题的根源，尽快做出调整，以达到与顾客沟通的目的。

## 对腼腆型顾客：投其所好

有些人动不动就双颊绯红、面如桃花、额头沁汗、手忙脚乱。这种人大多是极端内向，或自知有某种弱点的人。他们多少次告诉自己不要害羞，结果心跳却越加快起来。其实，每个人都害羞，只是程度不同而已。“害羞是神单独赐给人类的好礼物。”一般来说，腼腆型顾客都会有以下表现：

例1：一位矮个子男青年在浏览店内商品，眼睛正好瞄向女店员那边。突然，一脸沮丧，叹着气走掉了。几个女店员议论道：“可能是同业的间谍。”事实上，男青年刚好看见几个店员窃窃私语，忍着笑。神经敏感的青年就以为她们在笑他个子矮，因此扬长而去。

例2：一位村办企业的干部由于工作需要，到县城里购买电脑，刚进一家装饰豪华的店铺，不由得紧张起来。店铺里的业务员虽然看到此人穿着朴素，但还是热情地招呼他，不料业务员刚说了一句：“您需要什么样的电脑？”他就掉头走了。

例3：以下是一位保险推销员在和一位年轻的女士谈该选择什么样的险种时的对话：

推销员：“这个险种很适合您。”

顾客：“哦。”

推销员：“这个险种会保障您今后几年内的重大开支不会有什么问题。您想，您马上就要结婚了，婚后您孩子的开销也是一笔很庞大的数目……”

顾客：“我还没想这个呢！”（顾客打断了推销员的话）

推销员：“不过您早晚需要的……”

顾客：“我们还是看其他的吧！”

……

以上三个例子中的顾客是典型的腼腆型顾客，此类顾客生活比较封闭，对外界事物表现冷淡，和陌生人保持相当距离，对自己的小天地之中的变化异常敏感，他们对推销反应不强烈。

以上三个例子说明，与腼腆型顾客沟通时首要注意的一点是，不要直接注视他们。

解说商品时，最好把商品拿在手上，一边看着它一边说明；强调产品重点功能或优点时，应和蔼地直视对方，其他时间应尽量避免这样做。

在具体情况下，店员应更加敏感些。例1中的情景，大家或许会产生同感：一边看着自己一边嘀嘀咕咕地咬耳朵，任何人见此情景都会感到不快，更何况是腼腆型顾客。与对方四目相接，则更觉尴尬。如果对方是情侣或身体上有缺陷之人，则更应适度回避。而且，与他人四目相接时，不管有没有与他人耳语，都要轻声招呼："欢迎光临。"

说服此类顾客对推销员来说难度是相当大的。这类顾客对产品挑剔，对推销员的态度、言行、举止异常敏感，他们大多讨厌推销员过分热情，因为这与他们的性格格格不入。推销员给予这类顾客的第一印象将直接影响着他们的购买决策。接待这类顾客要注意投其所好，则容易谈得投机，否则这些顾客是很难接近的。

## 对慎重型顾客：彬彬有礼

有些人处世谨慎，凡事考虑得较为周到。这通常也反映在他们购物时的态度上，慎重型顾客往往关注的比较多，例如：质量、包装、价格、品牌、售后服务等。他们不会因为产品的某一个优点而决定购买，他们通常会综合评价产品。同时这类顾客在购物时经常会货比三家，多方面考虑后再做决定。所以，他们的外在表现就是善于和业务员讨论产品，而且经常是比较产品，他们对产品的行情会比较清楚，谈起专业知识也头头是道。我们可以通过下面的例子来说明。

例1：业务员提出自己建议后说："……所以，我认为这个配置和您的要求最相称。"可顾客想了想说："这款好像也不错，说实话，我最喜欢的是刚才我们看的那个配置，就是价钱太贵了些……"业务员说："先生，一分钱一分货，配置好，价钱自然要高些，您看看我现在介绍的行不行？"顾客有些为难："可是，和我原先的预算有些出入，根据您的看法，先前那款配置似乎不太适合我。"业务员急忙解释："不，不，我不是这个意思，那款的配置也很好。"顾客此时一脸疑惑："我都被弄糊涂了？"可业务员却仍极力推荐："先生，这款也不错，我觉得它非常适合您。"顾客已打了退堂鼓："是吗？我看我还是改天再来吧，麻烦您了。"

例2：在某服饰商店内，A、B两位顾客正在挑选衣服。A

顾客说："这件外套不错，可是价格贵了点。"店员解释道："请相信，价钱绝对合理。"A仍坚持说："可是，同一件衣服，在前面那家店里价格却很低。"店员有些不解："您是不是看错了。我们走的是薄利多销的路线，不会比别的店贵。"这时B插话进来："A说得没错。能不能再便宜一点儿？"A补充道："您是说不能降价吗？那我们下次再来吧，可别买到贵的。"

例3：下面是业务员和顾客成交后商谈付款细节的一段对话。业务员："这是您预定100台型号的机器的协议书，按照惯例，您得预付50%的货款。"顾客（仔细地看过协议书后）："那付完预付款后，机器什么时候能送达？"

业务员："大概半个月左右吧。"

顾客："你得给我一个确切的时间，最好能把这条也写在合同里。还有，违约细节也须写清楚……"

可见，慎重型顾客在与业务员交流时已定下目标，只是交涉到最后才说出自己的决定。这类顾客通常也是令业务员头疼的顾客，但这类顾客一旦接受了哪位业务员，他也许就会成为一个忠实的顾客。

总结例1中的失败之处，可以看出顾客没有要求改为价位低的货品之前，业务员先提出这样的建议，反而会使顾客失去信心。遇到这种情况，业务员应先端杯茶，缓和一下气氛；谈话时，话题不要针对价位高低的货品变来变去；先做一些说明，如不能让价、但售后服务周到、也可分期付款等，引起对方购买欲后，再催促其下决心。对于例2，业务员应了解到有些顾客为了要求减价，故意说其他店便宜些，因此这种情况下首先要让顾客明白价格绝对公道，然后严肃地说："请您再比较看看。"顾客回头再买时，一定要保持殷勤有礼，不可摆出高傲的姿态。

## 对犹豫型顾客：征求意见

日常生活中，有许多人在开始做某事以前，大多会犹豫不决。即使是芝麻大的小事，到了想要做的时候，总是无法下定决心。因此，时常会浪费很多时间。他们不知道自己究竟想要的是什么、想了解些什么，所以会沉默，令人摸不着头脑。这类顾客不容易下决断，他们对于任何事情都犹豫不决，甚至讲话也口齿不清，他们喜欢问问题，动作不利落，有时神情会有些恍惚。

例1：顾客在样品间里，看到一件商品，他对业务员说："对不起，麻烦您把那个拿给我看一下……"刚说完，突然眼睛一亮，"咦，那边那个也不错，也拿给我看一下。"没多久，一转头，"啊，那个似乎也不错？"顾客三心二意，很难抉择。业务员一一照办："是啊，这种目前卖得很不错，大家通常用这款。"顾客面对柜台上已摆出的七八种商品东摸摸、西挑挑，哪种都觉得满意，又哪种都觉得有不足之处："到底选哪一个好？哎呀呀，我眼睛都花了，还是不知该买哪个。这样吧，我明天再来看，麻烦您了。"于是，顾客空手而归。

例2：业务员把产品目录拿出来与顾客一起看。

业务员："您看这个型号，它的主要特点是……"

顾客："这种呢？"（打断了业务员的话）

业务员："哦，这种比刚才那个更适合……"

顾客："那下面这个呢？"

……

如同上述两个例子中的顾客，犹豫型顾客即使在洽谈的过程中，也会反复挑选，犹豫不定。看来像要决定，却犹豫不决。这种倾向不但表现在对商品的选择上，而且在谈交易条件时也是一样。他们主要有三个特点：

第一，希望一切自己决定。犹豫型顾客总是想一切根据自己的意志，凭自己的感觉决定。这种类型的人头脑很好，一旦行动，会考虑很多，结果反而更加犹豫不定。

第二，不让对方看透自己。犹豫型顾客有讨厌被别人看透自己的心理，也许由于自以为是，认为自己与别人是不一样的观念特别强烈。

第三，极端讨厌被说服。犹豫型顾客很讨厌被人说服，特别是自认为自己想法正确的人，这种感觉也就越发强烈。如果被别人说服，他会认为是因为自己没有知识和能力。

犹豫不决型顾客可分为两种类型：第一种是顾客本身完完全全不懂得抉择；第二种是业务员模棱两可的回答使其犹豫不决。

面对这种类型的顾客，要记住对方第一次拿的是什么商品，数次选看的是什么商品，根据其态度，留下几种适合他口味的商品，将其余的不动声色地拿开。然后，推断顾客喜爱的商品，正是他反复选看的商品，若他再次拿起那种商品，这时用自信的口吻说："太太，我认为这种最适合您。"这通常会使顾客当场决定下来。

若旁边还有其他顾客时，可征求第三方意见，这是促使犹豫不决型顾客下定决心的方法之一。一般情况下，被问及的顾客会予以合作，且赞同率往往会很高。

## 对顽固型顾客：先发制人

这类顾客多为老年顾客。他们是在消费上具有特别偏好的顾客。他们对新产品往往不乐意接受，不愿意轻易改变原有的消费模式与结构。

例1：保险业务员在和顾客讨论保险的必要性。

业务员："我们现在的生活是需要一些保障的。"

顾客："我都活了那么多年了，没买过保险，不一样过来了吗？”

……

顾客：“你不就是想让我买保险吗？我真的不需要，不用多讲了！”

例2：业务员和顾客在讨论产品的价格。

业务员：“这是最低价格。”

顾客：“不可能，你再算一遍，不可能有这么高的价。”

业务员：“我已请示经理了，我们的价格不能再降了……”

顾客：“不行，你再请示一次，或者把你们的经理找来，我要让他把价降下来。”

看过以上两个例子，我们可以感觉到这种顾客确实难对付，因为这种顾客特别要面子，不管有理无理也不愿退半步，尤其是有其他人在场的时候，他们更显得固执。

顽固型顾客主要有两个特点，业务员可以针对这两个特点采取策略：

第一，坚持。这类顾客说出自己的看法后就丝毫不让步。作为业务员，一定要非常自信，顽固的人逆反心理比较强，你说是这样，他偏不信，你说不是这样，他还是反对。你越想说服他，他越固执，他那顽固的心理会表露在言行中，因此很容易观察到。

第二，保守。这类顾客以前做过类似的事，而现在再做时，发现情况变了，他们寄希望于用以前的方法处理此事，从而表现出固执的行为。如去年冬天买了一件1000元的西服，今年冬天再去买同样西服，发现标价涨了100元，此时他会坚持绝对不付那么多钱。他对面子看得很重要，当他深信的一切被对方反驳时，他会显得不安，感到面子上过不去，变得更加固执："我以前就用1000元买过，没错！"

顽固型顾客对推销员的态度多半不友好。推销员不要试图在短时间内改变这类顾客，否则容易引起对方强烈的抵触情绪和逆反心理，还是用你手中的资料、数据来说服对方比较有把握一些。对这类顾客应该先发制人，不要给他表示拒绝的机会，因为对方一旦明确表态，再让他改变则有些难度了。

## 对商量型顾客：耐心周旋

商量型顾客总体来看性格开朗，容易相处，内心防线较弱，对陌生人的戒备心理不如其他类型顾客强。他们在面对推销员时容易被说服，不令推销员难堪。商量型的顾客也十分多见。

例1：顾客手里拿着毛衣，向店员询问："小姐，我很喜欢这件外套，可那件也不错。麻烦您帮我参考一下，哪件更适合我？"店员考虑良久："这个嘛……"正要说出看法时，又听见顾客对其他的店员说："你们经验丰富，您给我决定吧！"

例2：在一家电脑公司里，一位顾客思量着并自言自语道：

“那些准备齐了，这个也买了，现在只剩配套软件……”看样子是在计划电脑系统的软件购置，“我想做一个系统软件。”业务员热情地招呼：“好的，是销售业务吗？”说着，正要站起身。顾客又说道：“我是外行人，也不懂应该涉及什么，你看看我公司的材料，需要买什么全由你定好了。”业务员有些犹豫：“可是……”可顾客坚持道：“没关系，由你定我倒更放心些。”业务员只好答应下来。

例3：一位顾客在柜台前一边挑选领带一边问：“小姐，请问这两条领带，哪一条比较合适？”店员比较了一下：“我看这一条配您的西装正好，我看选它很好。”顾客有些迷惑：“怎么看得出它更配一些？”店员耐心地解释道：“这条领带的底色和您西服相同，图案也与西装的条纹相似，所以我觉得这条好些。”顾客点头称是：“有道理，就这条吧，我还想买条皮带，您看哪种颜色好？”店员挑出一条：“这条与您西裤色调一致，我看很好。”顾客说：“就这么决定了。”

任何商品的销售过程，都会见到这类例子。这种委托业务员判断哪种商品适合自己的顾客，完全是出于对业务员的信任，因此业务员则应尽心尽责，不使顾客失望。

这一类顾客表面上是不喜欢当面拒绝别人的，所以要耐心地和他们周旋，才不会引起他们太多的反感。对于性格随和的顾客，推销员的幽默、风趣会起到意想不到的作用。如果他们赏识你，他们就会主动帮助你推销。

但这一类顾客有容易忘记自己诺言的缺点。面对这种类型的顾客，首先一点，业务员应确立责任心，不能以随意的态度敷衍顾客。业务员一般具有一定的经验，可以根据顾客的实际情况做出较为适当的判断，这也是顾客询问的原因。业务员应尽量避免为获取利润，极力推销贵重商品，而不管其是否适合顾客的需要。业务员做出合理的推荐，使顾客满意，往往也会促进相关商品的出售。

还有，业务员应选择在恰当的时机提出建议。千万不可在顾客尚未仔细挑选时就急不可耐地说："这个跟您很相配。"这往往会使顾客感到过于唐突。例1、例2中的业务员处理较为合适，说出自己的建议，并留一定时间给顾客考虑定夺，争取到顾客的信任，也就等于争取到了自己的声望与巨大的商业利益。

## 对爽快型顾客：不可随意

爽快型顾客一般最受业务员欢迎。这类顾客选择快、不讲价。以下即是爽快型顾客的两个例子。

例 1：顾客问业务员："麻烦您，能不能让我看一下这个样品？"业务员应声道："好的。这台吗？"顾客肯定地说："是，就是这个型号。多少钱？……好，就这台吧？"业务员心里高兴得很——要是顾客都这样该多好。

例2：顾客走进体育用品商店，问道："你们这里有没有李宁牌运动服？有的话，拿给我看一下。"店员一面翻找，一面询问："李宁牌运动服吗？有的，不过尺寸很多，麻烦您到这边挑选好吗？"顾客跟了过去："嗯，好，好，我就要这一套。"

这种类型的顾客虽为店主所欢迎，但往往也使店主良心不安，店主也在想为什么这些人出奇的爽快，自己随意建议几句即可使他们下定决心。其实，这些顾客除本性爽快外，还有以下原因：

第一，信任该公司或业务员；

第二，信任商品；

第三，事先看过。

爽快型顾客信任公司或业务员，对这种信任应小心维护，切不可下意识地随便了事。业务员要满怀激情、满怀喜悦地面对这种可爱的"上帝"。要明白这样的道理：自己说不如借别人的口说，自己声嘶力竭，不如朋友之间的绵绵细语，同时注意自身的不断充实，这样才能收到理想的效果。

业务员如果遇上了脾气暴躁的人，一定要尽力配合他，也就是说话速度要快一点，处理事情的动作应利落一点，介绍商品，只要说明重点即可，细节可以省略。因为这种人下决心很快，所以，业务员只要应和他，生意很快就做成了。

## 对虚荣型顾客：赞美刺激

人人都有虚荣心，只是程度不同罢了。我们这里的虚荣型顾客是指虚荣心、嫉妒心都比较强的一类顾客。

例1：某位保险推销员在和一位顾客进行沟通。

业务员："您每月的收入与其花在其他方面还不如留一部分来为自己买一份保险。"

顾客："是啊，我每月最大的支出就是衣服和化妆品，你看，这件刚买的上衣8000多元……"

例2：在一家首饰商店里，一位顾客正在选戒指。

店员："您看看这款，价格还是比较实惠的。"

顾客："哎哟，这哪行啊，我的项链20000多元呢，至少得和它相配才行吧……"

这一类顾客在与人交往时喜欢表现自己、突出自己，不喜欢听别人劝说，任性且嫉妒心较重。很多时候，业务员可以从顾客的表情和语言来判断出这类顾客，他们在与业务员沟通时会着重显示他们的高贵，即便有时在吹牛。

对待这类顾客要熟悉他们感兴趣的话题，为他提供发表高见的机会，不要轻易反驳或打断其谈话。在整个推销过程中推销员不能表现太突出，不要给对方造成对他极力劝说的印象。如果在推销过程中你能使第三者开口附和你的顾客，那么他会在心情愉快的情况下做出令你满意的决策。

对待这类顾客有以下两种办法：

第一，赞美，甚至奉承。对待虚荣型顾客，即使你早已看出他在吹牛，你也要假装糊涂地附和一阵："你穿上它好漂亮啊！""它真适合您的气质呀！"甚至奉承他，道："你真会买东西啊！"

像这种"谎言"，说上几箩筐也没关系，既给人家以快乐，又锻炼自己的口才，何乐而不为呢？记住：一个善于包容他人缺点的人，总比别人多拥有成功的机会。

当然，"奉承"的时候千万不能说漏了嘴。比如说"某某公司，早就有了比你先进得多的产品了"之类易引起顾客反感的话。相反，你可以这样说："某某公司花了三倍的价钱才买到。"从而激发她的购买欲。

第二，刺激。比如，故意对对方说："某某明星虽然年纪也有你这么大了，可还是那么漂亮。"此时如果对方立即变脸或面红耳赤，您的目的便已达到，应立即采取补救措施，迅速说出该明星的若干不是来批评一通，对方肯定会露出非常愉快的表情。然后，你接着先赞美你这位嫉妒心强的顾客，而且最好跟不特定的多数人做比较，数出他的"优点"，效果会更好。

# 第三章
# 顺利找到购买决策人

如果销售人员多次拜访同一家客户，但收效甚微，如价格无法商定、协议无法谈妥等，此时，销售人员应该反省：是否找对了人？是否找到了关键的负责人？

销售成功与找对销售对象有很大关系。对于销售人员来说，尽快与真正的决策者建立信任和好感，进而影响客户的决策十分重要。

## 寻找团体中的拍板人

如果想在你所有的人脉中得到更多的人力资源，你必须先以其中一人为中心向外扩张，也就是借由这最初的250个人脉关系，从中再寻找可以让你向其他人脉网搭上关系的桥梁。如此周而复始地推动，将每一个人的250条人脉紧紧地串联在一起，也就是直销界经常使用的推荐模式。

通过不断联络经营，认识的人会源源不绝，真可谓“取之不尽，用之不竭”！所以，良好的人际关系全看你自己如何去推动。如果要验证自己的人脉网络是否丰富，可以随意走到任何公共场合中。假如时常遇见认识的人和自己打招呼，即证明你的人际关系已经相当成功了。

此外，通常在销售中寻找拍板人时，也要充分尊重其他人。仅仅尊重是不够的，要让所有的人变成准客户、客户才行。

拜访重要人物时，要注意搞好与在拜访过程中遇到的人的关系。比如，即使你明明知道大人物的住处或办公室，但也可以在途中找个人问一问，创造办完事回过头来再次和那个人接触的良机。简单地说，让你所接触的人都变成准客户。要知道，不管你销售什么，任何人都有可能对你的销售产生影响。平时注意“小人物”已经不那么容易，谈“大生意”时，就更难了。光顾着拍板人，冷落其他人造成销售失败的事例太多了。

经常听到有些专业销售人员说自己跟谁“很熟”，但问到一些细节，他就答不上来。“熟人”和“准客户”是有明显区别的。要是你把别人当成准客户，你就要了解清楚对方的姓名、年龄、籍贯、性格、经济状况、爱好等，在此基础上，再进行认真商谈，对方才会由熟人变成准客户，进而成为客户。

请记住，当你与一位经理、厂长、部长洽谈大生意时，与秘书、主任、司机等人先成交小生意的可能性非常大。除了成交真正的生意外，赢得这些“小人物”的心也要比争取“大人物”的好感容易得多。

养成多说一句话的习惯，请人给别人介绍自己和产品。“这样的好东西，跟亲戚朋友多说一说。”“你知道谁特别需要这种产品吗？请给我介绍一下。”成交也好，暂时未能成交也好，你多说一句没什么坏处，因为你已经撒下了一粒成功的种子！

## 发现客户背后的决策人

在销售过程中，除了要找到购买决策的人之外，还应该注意其他相关的购买影响者，因为一次购买往往不只是一个决策者所能决定的，他也会受到很多人的影响。尤其是针对大客户的销售，决策人往往不止一个。这时，销售人员的工作还要适当地投入到购买的影响者上面。

1. 影响者的力量

小王是一家电脑公司的销售人员。他到一个企业销售电脑，找到了主管采购的一位副经理，恰巧这位副经理是小王的老乡，两人谈得很投机。于是，副经理信誓旦旦地向小王保证：“我们公司刚好要购买一批电脑，在公司的采购会上我提一下就行了，不会有问题，你回去等好消息吧！”但是，等了一两个月都没有消息，小王再一次来找这位副经理时，副经理对小王的态度与先前截然相反。

原来，在采购会上副经理提出这个问题后，财务经理坚决不同意，总经理也不置可否。就这样，这笔生意泡汤了。

从这个案例来看，这位副经理是决策者吗？很显然，他的确是相关负责人，只不过还有其他人能够对此笔采购施加影响，而小王却没能意识到这一点。

大客户的购买决策人身份差异很大，采购部经理负责采购，但财务室可能不同意这笔支出；副厂长准备购进生产设备，可能还得经过总经理的批准；人事处想购买电脑，得向采购部申请……为此，必须辨明客户单位的决策人，找到能够对决策人施加影响的那个人。

2. 参与决策的不同人物

个人消费或个体企业的决策人一般是个人。而这里所说的主要是针对大型企业或单位参与购买决策的人员，这些人员一般包括董事会、股东大会、董事长、总经理、采购经理，等等。

## 开发有影响力的中心人物

开发有影响力的中心人物，可以利用中心开花法则。中心开花法则就是销售人员在某一特定的销售范围里发展一些具有影响力的中心人物，并且在这些中心人物的协助下，把该范围里的个人或组织都变成推销人员的准客户。实际上，中心开花法则也是连锁介绍法则的一种推广运用，销售人员通过所谓“中心人物”的连锁介绍，开拓周围的潜在顾客。

中心开花法则所依据的理论是心理学的光环效应法则。心理学原理认为，人们对于在自己心目中享有一定威望的人物是信服并愿意追随的。因此，一些中心人物的购买与消费行为就可能在他的崇拜者心目中形成示范作用与先导效应，从而引发崇拜者的购买与消费行为。实际上，任何市场概念内及购买行为中，影响者与中心人物是客观存在的，他们是“时尚”在人群中传播的源头。只要了解确定中心人物，使之成为现实的客户，就有可能发展与发现一批潜在客户。

利用这种方法寻找客户，销售人员可以集中精力向少数中心人物做细致的说服工作；可以利用中心人物的名望与影响力提高产品的声望与美誉度。但是，利用这种方法寻找客户，把希望过多地寄托在中心人物身上，其销售的风险在于这些所谓的中心人物往往难以接近。如果销售人员选错了客户心目中的中心人物，就有可能弄巧成拙，难以获得预期的销售效果。

在你推销商品时，常常有这样的情况：一个家庭或一群同伴一起来跟你谈生意、做交易，这时你必须先准确无误地判断出其中哪位对这笔生意具有决定权，这对生意能否成交具有重要的意义。如果你找对了人，将会给你的生意带来很大的便利，也可让你有针对性地与他进行交谈，抓住他某些方面的特点，把你的商品介绍给他，让他觉得你说的正是他想要的商品。相反，如果你开始就盲目地跟这一群人中的某一位或几位介绍你的商品如何如何，把真正的决定者冷落在一边，这样不仅浪费了时间，而且会让人觉得你不是生意场上的人，怎么连最起码的信息——决定权掌握在谁手里都不知道，那你的商品又怎能令人放心?

如何确定交易的决定者，很难说有哪些方法。销售人员只有在长期的实践过程中，经常注意这方面的情况，慢慢摸索客户的心理，才能又快又准确地判断出谁是决定者。不过，这里可介绍几种比较常见，但又比较容易让人错判的情况。

当你去一家公司销售沙发时，正好遇到一群人。当你向他们介绍沙发详情时，他们中有些人听得津津有味，并不时地左右察看，或坐上去试试，同时向你询问沙发的一些情况并不时地做出一些评价等。而有些人则对沙发无动于衷，站在旁边。这两种人都不是你要找的决定人。当你向他们提出这样的问题："你们公司想不想买这种沙发？""我觉得这沙发放在办公室里挺不错的，贵公司需不需要？"他们便会同时看着某一个人，这个人便是你应找的公司领导，他能决定是否买你的沙发。

当你在销售洗衣机时，一个家庭的几位成员过来了，首先是这位主妇说："哦，这洗衣机样式真不错，体积也不大。"然后，长子便开始对这台洗衣机大发评论，还不停地向你询问有关情况。这时，你千万不要认为这位长子便是决定者，从而向他不停地讲解，并详细地介绍和回答他所提出的问题，你要仔细观察站在旁边不说话、但眼睛却盯着洗衣机在思索的父亲，应上前与他搭话："您看这台洗衣机怎么样，我也觉得它的样式挺好。"然后，再与他交谈，同时再向他介绍洗衣机的其他性能、特点等。因为这位父亲才是真正的决定者，而你向他推销、介绍，比向其他人介绍有用得多。只有让他对你的商品感到满意，你的交易才可能成功，其他人的意见对他只具有参考价值。

在有些场合下，你一时难以判断出谁是他们中的决定者，这时你可以稍微改变一下提问的方式。比如，你可以向这群人中的某一位询问一些很关键、很重要的问题，如果他不是领导者，他肯定不能给你准确明了的答复，而只是一般性地应答，或是让你去找他们的领导；如果你正碰上领导者，他就能对你提出的重要问题给予肯定回答。这种比较简单的试问法，可以帮你尽快地、准确地找到你想要找的决定者。因此，能使你更有效地进行销售活动，避免了时间上的浪费，提高了商品销售效率。

## 先了解客户再去"攻城"

一些销售人员从不有计划地收集客户的资料、了解顾客的情况。他们总是匆匆忙忙地敲开一位客户的家门，急急忙忙地介绍产品；遭到顾客拒绝后，又赶快去拜访下一位客户。他们整日忙忙碌碌，所获却不多。聪明的销售人员知道与其匆匆忙忙地拜访10位客户而一无所获，不如认认真真做好，努力打动一位客户。

没有心计的销售人员在接近客户前没做任何准备，或有一些准备，却很不充分。在他们眼里，接近客户，只是跟客户聊聊天、吃吃饭而已，没有必要做什么准备。这是那些没有经验的销售人员常有的心态。他们往往很自信，觉得自己完全有能力使客户被驯服。其实，这是一种错误的想法。如果不了解客户，不做必要的准备，接近客户时就有可能不知所措，使自己与客户的见面成了一种尴尬。比如说，当你推销化妆品时，提到某一明星，而这个明星正是这个客户讨厌的人，那么，你推销的结果可想而知。

不知道该客户的家庭情况，也就不知道客户家里的真正需求。销售人员可能会向家庭并不富裕的客户介绍一些价格偏高又没有太大实用性的产品。也可能客户正想买一些护肤品，可是销售人员却向其介绍家居用品，客户没有需求，当然不会购买了。所有这些，归根结底都是因为销售人员事先没有收集客户的资料，了解顾客的需求。

还有的时候，有的销售人员会说这样的话："今天拜访的那位潜在客户真是不上道，竟然听不懂我在说什么。"也许这些不动脑思考的销售人员已经习惯于听到别的销售人员如此报怨客户了，也许连他自己也曾经这么批评过他的客户。

销售人员扮演着资讯传达者的角色，就像一个导体一样，串联着公司业务和终端使用者。

只有事先了解了客户的情况，才会知道客户所在的行业、所从事的工作或者受教育的程度，才可以根据相应的情况准备几套不同的解说词，以适应不同层次的客户，提高他们的兴趣。

有些销售人员倒是知道收集客户的资料，却不知道收集其他竞争者的资料。所收集的资料往往会决定整个销售过程的成败。在销售过程中，有的顾客会向销售人员提出一些有关竞争对手的问题，比如他们会问到其他品牌的产品和这个产品相比有什么劣势。这个时候，销售人员只能保持沉默或敷衍了事，这样做的最终后果就是白白失去了成交的机会。

## 家庭中是谁拥有购买决策权

现代销售十分注重效率，向一个家庭或一个组织客户进行销售，实际上应向该家庭或组织的购买决策人进行销售。因此，客户购买决策权的鉴定也就成为客户资格鉴定的一项重要内容。若事先不对客户的购买决策状况进行了解，不分青红皂白，见到谁就向谁销售，很可能事倍功半，甚至一事无成。

现代家庭购买决策状况比较复杂，除一些大件商品或高档商品购买决策权比较集中外，一般商品购买决策权逐渐呈分散趋势，从而增加了对其进行鉴定的难度。尽管如此，从现代销售的基本观点来看，正确分析销售对象家庭里的各种微妙关系，认真进行购买决策权鉴定，仍是非常必要的。现代销售人员必须具有善于识别购买决策人的本领。

组织客户是指企事业单位等各种团体组织。对于组织客户，购买决策权鉴定尤为重要；否则，销售对象范围太大，势必造成销售的盲目性。作为销售人员，必须了解组织客户内部的人事关系、组织机构、决策系统和决策方式，掌握其内部各部门主管人员之间的相对权限，向具有决策权或对购买决策具有一定影响力的当事人进行销售。只有这样，才能有效地进行销售。

## 从客户身边的人入手

那些没有经验的销售人员在搞客户攻坚战时总是直驱而入，不懂迂回。

有一位医药公司的产品销售人员，他的客户中有一家小药店。每次他到这家店里去的时候，总是先跟柜台的营业员寒暄几句，然后才去见店主。有一天，他又来到这家药店，店主突然告诉他今后不用再来了，以后也不想再买他们公司的产品了，因为他们公司的许多活动，都是针对大客户设计的。这个销售人员只好离开商店。他开着车子在镇上转了很久，最后决定再回到店里，把情况说清楚。

走进店时，他照例和柜台上的营业员打招呼，然后到里面去见店主。店主见到他很高兴，笑着欢迎他回来，并且比平常多订了一倍的货。销售人员十分惊讶，不明白自己离开药店后发生了什么事情。店主指着柜台前的一个小伙子说：“在你离开店以后，维生素柜台的小伙子过来告诉我，说你是到店里来的销售人员中唯一会同他打招呼的人。他告诉我，如果有什么人值得做生意的话，应该就是你。”这个店主从此成了这个销售人员最稳定的客户。

重视客户身边的人，自然包括重视客户的孩子、配偶甚至亲朋好友。通过客户的孩子，把自己的积极态度传染给你的购买决策人，从而激起客户的购买意愿。有人说过：“我非常赞成不时地为客户或客户的孩子帮一点忙，同时认为在商务活动中，这是一个被人们大大忽略了的手段。在商务关系中，间接地把孩子包括进来，总能给孩子留下深刻的印象。被人记住、被人欣赏，从长远的利益来看，通常能得到报答。”

## 寻找负责人的三种方法

销售成功与找对销售对象关系十分密切。一般来讲，关键人物是指有需要的、有决定权的、有购买能力的人。通过接触客户中的关键人物，销售人员可以获知该客户的真实状况。有些销售人员容易陷入一种沟通陷阱，把时间浪费在感兴趣的人物身上，把对方当作关键人物对待，这是非常浪费时间又没有效果的销售方法。因此，对销售人员来讲，尽早与关键负责人建立好感和信任关系，才能拿到订单。但是，怎样才能找到关键负责人呢？有下面几种方法：

1. 通过现代媒介——互联网查找

随着互联网的普及，市场及销售业发展到一个新的境地。目前，大型、正规的公司都有自己的企业网址。而企业网址最基本的功能就是全面、详细地介绍企业及其产品，如企业简介、企业人员、企业组织架构、研究机构、产品的外观和功能等，一一展示在互联网上。据此，销售人员可以通过企业的网址了解客户公司的业务、产品、人员架构等，从中获得想要的负责人信息。

2. 通过客户公司电话查找

向客户公司打电话寻找关键负责人是最直接有效的手段，一般公司都有总机，而总机接线员掌握公司各部门和负责人的电话，向总机询问能够得到想要的答案，但有时也不容易，需要一定的方法。

（1）多尝试法。多收集几个该公司的电话，用不同的号码去打，不同的人接电话，会有不同的反应，这样成功的几率也比较大。

随便转一个分机再问（不按0转人工），可能转到销售部或人事部，这样就躲过前台了。或让前台转其他科室，与外面有业务联系的科室是比较好转的，如人事招聘、销售、市场、广告、采购等部门。然后，就看你如何与他们沟通了，也许会一下转到老总那里。

如果你觉得这个客户很有戏，你就不要放弃，可以找另外一个同事帮你打，顺便考考你的同事，也可以从中学到新的方法！

（2）核对资料法。销售人员可通过电话采取以下的询问方式：

销售人员："我是邮局的，请问你们公司的全称是？总经理是？我现在找他核对一下。"

销售人员："我是银行的，需要和老总核对资料，或者是存款出了些问题，要通知老总。"

（前台一般不敢过问老总钱的事情。）

销售人员："你好！我是www.51job的，贵公司在我们这里登记招聘员工的信息，我想问一下贵公司的法人是谁？我们要核对他的相关资信情况！"

（3）急事法。销售人员可通过电话采取以下的询问方式：

销售人员："小姐，这事情很重要，你能否做主？我很急，请马上帮我转给你们公司老总。"

销售人员："请找×总，怎么不在？不是说好今天这个时候让我去个电话吗？你看他什么时候回来？这事挺重要，他的手机是138还是139？你告诉我，我记一下。"

销售人员："小姐，张总可能有急事找我，他打了我的手机，现在还在公司吗？我回电！谢谢！"

销售人员："王老板在吗？"前台："不在。"销售人员：

“他来过我公司没有呀？怎么还没来？手机多少？”

（4）威胁法。销售人员可通过电话采取以下的询问方式：

前台：“你哪里？”销售人员：“厦门的，刚来福州，有重要事情找你们老总（知道姓名，那就直说姓名）。”前台：“我问你哪里，哪个公司的？”销售人员：“小姐，你姓什么？我很不习惯你这样问话知道吗！（语气要强，拍着桌子说话）×总在不在？在就给我转进去。”

（5）朋友亲戚法。销售人员可通过电话采取以下的询问方式：

销售人员：“你好，转你们李总（声音要大）！我是公司的王总啊！”

销售人员：“你好！李叔叔在吗？我是他的侄子！”

很多接线员好管闲事，非要问清楚，你可以发转。销售人员：“×总在不在啊？”前台：“你是哪位啊？”销售人员：“我是他一个朋友。”前台：“找他有什么事？”销售人员：“有点私事，他是不是不在啊？”这时她就转给老总了。”

销售人员：“×总在不在啊？”

前台：“他不在。

销售人员：“那你告诉我他的手机号码，我把他号码弄丢了，谢谢，有点急事。”

知道该公司老总名字（男性）后，请男同事打电话。销售人员：“我找×（直呼其名）”前台：“他不在。”销售人员：

“不在？他手机号码是多少？”前台：“你是谁？”销售人员：“我是谁？昨天还一起喝酒了的！（很拽的语气）”

销售人员：“你好，转总经理。”前台：“你有什么事？”销售人员：“有。”前台：你是哪个单位的？”销售人员：“我是黄总。”前台听到你报的名字，一定会以为你和总经理很熟。

（6）尊重法。针对平常方法绕不过的前台时，索性坦白相对，尊重对方。

销售人员：“我知道你很为难，每天接到各种各样的电话都很多，很难确定哪个电话该去找老板，我也有过这样的经历，我很理解您。同时，我也告诉您，我给你们老板打电话是有一件对贵公司很重要的事情。必须马上和你们老总取得联系，麻烦你现在帮我找一下。”

销售人员：“您好，请问，贵姓啊？”前台：“什么事？”销售人员：“我是《国企报》的，有一些情况想找老总了解一下，给我一个老总的电话好吗？我记一下，谢谢您。”用和缓的口吻问一下对方的姓氏，他会觉得不可以不认真对待这个电话；否则，会有一些责任上的追究。

（7）外国人法。销售人员可把自己说成是外商的翻译员，这个方法挺管用的，不妨试试。

销售人员：“你好，有一家德国的公司，看到你们公司的英文网页（供求信息），想和你们公司老总通个电话。你们老板的手机号码是多少？他在吗？”假如你英语好的话，跟前台说几句纯正的英语，立马搞定，屡试不爽。

销售人员在利用电话与客户沟通时，要注意以下几个方面：①语气一定要自信且有力，切忌胆怯。②通话时要有礼貌并充分尊重对方。③在一般情况下，不要告诉对方自己是做什么的。

3. 通过熟人介绍

在中国这个充满人情关系的国家，有时，销售人员通过朋友、客户的引荐接近关键负责人最有效。

在接近关键负责人时直接说出推荐人，如“是某某研究院的某某教授让我与您联系的”“某某公司的总经理某某介绍我来与您见面”……

另外，向公司的员工打听也是获得信息的好途径，如门卫甚至清洁人员等。

销售人员在拜访客户时，一定要与关键负责人建立信任和好感，进而成功销售。

# 第四章
# 瞄准销售谈判对手

销售谈判以互利互惠为目标，以洽谈磋商为手段，以认可合作、签约成交为终结。能否达成销售谈判，销售人员的说话技巧很关键，首先要善于察言观色、多闻善问，其次要出奇制胜、灵活应变，最后还要学会婉言相拒、善于拒绝。唯有如此，才能达到谈判制胜的目的。

## 抓住时机掌控局势

机会主要是指有利的时机。做任何事都要选择有利的时机，就是所谓的在适当的时候，做适当的事情。销售人员在谈判过程中也要注意时机的选择，选择有利的时机提出自己的要求和观点，选择正确的时机退出谈判，选择适当的时机结束谈判，能够让你把握谈判的方向，尤其是在商务谈判中。

某家电商场从某摄像机生产厂家进了50台摄像机，销售得很好，几天的时间全部卖出。家电商场要再从厂家进300台摄像机，双方就这一问题进行了谈判。

家电商场认为这次的进货量是上次的好几倍，厂家应该更加优惠，而厂家在谈判前了解到家电商场销售的情况，决定加价。开始，双方各不相让。后来，商家由于急于拿到货，做出了妥协，但是希望按上次的价格进货，厂家不同意，坚持要加价，商家看出厂家一点都不肯退让，也知道再这样僵持下去自己会有损失，最后不得不同意厂家的要求。

同样的商品，只隔了几天就卖出了不同的价格。生产摄像机的厂家找对了涨价的时机，也抓住了涨价的时机，让涨价成为顺理成章的事情，也让涨价成为对方不能拒绝的事情。

如果商家在这次谈判中不同意涨价，由于厂家对自己产品在市场上的销售情况做了深入的了解，知道商家这几天缺货，所以厂家不仅不会降价反而坚持涨价，这就使谈判双方出现了僵局。最先需要打破僵局、迫切希望交易顺利进行的一定是商家，因为缺货对于销售摄像机的商家来说是最大的损失。从消费者的角度来看，摄像机不是快速消耗的商品，不可能买很多，更不可能天天买，市场上摄像机的种类又很多，这家缺货，可以选择到另一家去买。等商家和厂家经过几天谈妥价格以后，商家最佳的销售时机也已经过了。

做到准确地掌握时机是很不容易的。当客户提出要销售人员让步时，很多销售人员认为时机到了；或者客户有求于你的时候，你就认为要求对方让步的时机到了，还有人认为，谈判接近尾声时是自己让步或者让客户让步的最佳时机。然而，这些都不一定是让步或者使谈判继续向前走的最佳时机。其实，在现实的谈判中，由于谈判发展的不可预测性，以及客户或者自己谈判习惯、方式的不同，自己让步或者对方让步的时机并没有一定的时间规定。销售人员只有靠自己在实践中多观察、多分析，才能真正找到最佳的时机。

如果时机选择不对，当销售人员让步时，客户可能并不会满意，反而胃口越来越大，导致己方在谈判中被客户逼迫到十分不利的地位；当销售人员迫使客户让步时，可能客户并不会同意，还认为你是应该让步的一方，反而使讨价还价更艰难。那么，何时才是提议与反提议的最佳时机呢？

1. 在洽谈中，销售人员如果觉察到对方马上就会提出某种反对意见，最好是抢先提出问题，先发制人。这样做可以争取主动，避免和对方争论，并且你的真诚直率可能会赢得对方的信任，还可以节省谈判时间。

2. 只要对方的意见是正当的，销售人员可以即时答复，如此能使谈判集中解决某些实质性问题。

3. 如果不能当即给客户一个满意的答复，或客户提出的反对意见较难解答；如果当即回答会对你阐明的论点产生不良影响；如果客户提出的反对意见有可能随着业务洽谈的进行而逐渐减少或者消除；如果当即回答、进行反驳会破坏谈判的融洽气氛；如果客户的反对意见离题太远，或者同你准备进行说明和解释的某一点有关，或者对这种反对意见的说服会牵扯到一些对谈判意义不大的问题时，销售人员可以推迟答复。

当对方由于各种原因（如心情不好、处境不佳等）提出一些与谈判内容毫不相干的意见、借口甚至恶意反对的意见，销售人员最好不予理睬，不要加以反驳或进行说服，这些意见不反驳也不会影响谈判结果。

当时机不成熟时，销售人员可以等待有利时机的到来。但这要建立在对于未来准确预测的基础上，而且客户并不反对。如果销售人员只是单方面认为时机不成熟而拖延谈判，而且客户并不是“非你不可”，那么，会认为你是在拖延谈判，会使得客户选择放弃谈判或者合作。

## 不要暴露你的底细

隐藏自己，就是不要暴露自己，需要销售人员在与客户接触的时候，注意自己的言行，不要轻易外露。

日本松下电器公司的创始人松下幸之助在刚“出道”的时候，曾被对手在无意间探测到底细，因而使他的生意大受损失。

他第一次到东京找批发商谈判的时候，刚一见面，批发商就“友好”地对他说：“我们是第一次打交道啊！以前没有见过你。”批发商此时的意图就是想探测松下幸之助在生意场上是老手还是新手。松下幸之助由于当时缺乏经验，恭敬地答道：“我们是第一次合作，我是第一次来东京，什么都不懂，请多多关照。”正是这番极为平常的答复却使批发商获得了重要的信息——对方是个新手。批发商接着问：“你打算以什么价格卖出你的产品？”松下幸之助如实地告诉对方：“我的产品每件成本是20元，我准备卖25元。”

批发商了解到松下幸之助在东京人地生疏，知道了其产品的成本，而且松下幸之助又暴露出了急于要给自己的产品打开销路的愿望，因此趁机杀价：“你首次来东京做生意，刚开张，应该想到的是如何把你的产品先推出市场，而不是想到要从中盈利。而且我们第一次合作，还不知道你的产品质量是否有保证，如果第一次合作成功，我们将很有可能成为长期合作的伙伴。每件20元如何？算是我帮你做广告吧！”结果没有经验的松下幸之助在此次交易中吃了亏。

究其原因，是那位老练的批发商通过接触，从松下幸之助的言语中知道了他的底细。松下幸之助在这一次的谈判中，没有保护好自己的信息，使得对方掌握了主动权，造成自己被动与失利。如果松下幸之助当时不那么毫无戒备地把自己的底细都让对方知晓，他也不会那样受批发商摆布。

当然谈判之中的坦诚是很重要的，但是要懂得在什么方面需要坦诚，在什么方面要有自我保护的意识，有句俗语叫作“害人之心不可有，防人之心不可无”，就是这个道理。

一次，科恩去一家工厂推销某种产品，他在同该厂的一位领班聊天时，掌握了谈判取胜的至关重要的信息。这位领班无意中讲了这样的几句话：“我用过几家公司的产品，唯有你们的产品能通过我们的试验鉴定，符合我们要求的规范。”“科恩先生，你看我们下个月的谈判要到什么时候才能有结果呢？我们厂里的存货快用完了。”表面上看，科恩对领班的这几句话发现得漫不经心，但实际上他在悉心聆听，心中充满了兴奋和喜悦。领班透露出来的信息，科恩心中有了底，他在与该厂采购经理谈判时，各种条件、要求都提得很高，并且还不慌不忙地讨价还价。由于厂方确实急需科恩的产品，又存货不多，时间压力也很大，所以在谈判中处处处于被动的地位，而科恩则最大限度地获得了谈判的成功。

这家工厂的失败在于让科恩知道了底细，了解了他们的处境。科恩通过知道的信息在这场谈判之中占据了主动地位，掌控了谈判的方向，使得谈判朝着有利于自己的方向发展。

在谈判中，尤其是商业谈判中，销售人员要注意保护自己的信息，不要让对方了解自己的底细，否则会陷入被动。聪明、富有经验的销售人员往往会在谈判的时候隐藏自己的信息。

在生活中也一样，一个人的自身缺点甚至是优点也会被别人利用。比如一个脾气火爆的人容易被别人激怒而落入圈套；一个没有主见的人，很容易被别有用心的人的谗言误导而做出错误的决定与行为。总而言之，无论是做人还是做事，自己的不利之处与性格缺陷、偏执不要轻易向对方暴露，心思意念一旦曝光，让对手知道，往往就会成为对方攻击你的利器。

## 展示你的自信

自信是人与人之间积极交流与沟通的重要因素，没有人愿意与一个畏首畏尾的人交谈。在谈判桌上，你想成功地说服对方，不仅仅需要有精妙的言辞，还需要有自内而外的自信。如果一个人在谈判的时候怯场，很可能会思维混乱，言不达意，甚至漏洞百出。这样的一个人只会让对方轻视，不会愿意与你做过多的交谈。

自信是积极沟通的首要因素，如果销售人员在讲话之前先怯场，对自己说的都没有把握，客户怎么会相信你呢？只有自信的销售人员才能克服谈判中的恐惧与焦虑。

那么，销售人员除了内心需要有自信的心理外，还需要做什么才能增加自己的自信呢？

首先是外表。一个人的形象是透露给他人的第一印象，第一印象又往往是最重要的。所以销售人员在进行一项重要谈判的时候，一定要注意自己的衣着打扮。俗话说：人靠衣服，马靠鞍；外表的魅力，会让你处处受欢迎。穿戴整齐，干净利落会赢得对方的好感与信任。

其次是说话方式。一个自信的人说话往往简洁、明快、顺畅自然、不温不火，能够恰到好处地把自己的观点传达给对方。对方听到这样的话语，往往也会有美的感受，也能够激起对方的兴趣。销售人员如何让自己的话语传达出自信呢?

1. 声音响亮、语调自信，这样你就能够感染别人。

2. 吐字清晰、层次分明。只有这样才能让对方知道你想表达的意思。

3. 说话的节奏要恰到好处、抑扬顿挫，速度与语调要配合恰当。

4. 声音大小适中。声音太大，容易让人烦躁；声音太小，不仅对方听不见，而且是没有自信的表现，提不起对方的兴趣。

5. 要注意停顿。一句话不能说得太长，也不能说得太短。销售人员在说话时适当地停顿不仅可以调整自己的思维，而且可以引起对方的注意。在停顿的间隙，你可以观察对方的反应。

只要与人打交道，就需要你充满自信地去面对他人。需要你从心理、着装、话语等方面去透露你的自信。在谈判桌上，你会遇到形形色色的人，只要你满怀信心地去与他们谈判，你就会赢得对方的信任与欣赏。要想成功，你就要相信自己的实力，相信自己的能力，相信自己能够说服对方，信心百倍地面对对方。

# 有让步就要有回报

在谈判中，双方都必定要让步的，但是让步的幅度不能过大，次数也不能过于频繁，否则的话会过早地让对方知道了自己的底线。

任何一个谈判者对即将举行的谈判都要做好心理准备，以适应谈判场上变幻莫测的各种情况。不同的矛盾有不同的让步方式。如何把让步作为谈判中的一种基本技巧、手段加以运用，这是让步策略的基本意义，而了解让步的形态和选择是运用好让步策略的基础。以下给谈判者提出几点让步的策略：

1. 使对方首先做出让步。首先做出让步的谈判者在心理上往往处于劣势，常会使自己在未获得较有利结果时就结束谈判。如果你被迫要首先做出让步，要确保你这样做仅仅是基于你得到了一些回报。

2. 提供一个基本原理帮助对方做出让步。在做出让步时，让步的一方会遭受既丧失立场又损失面子的双重压力。有经验的谈判者在试图克服那些已察觉的不利因素时，会设计好怎么才能帮助对方实现让步，并为他们提供一个做出让步的基本道理。如为他人的让步尽量保守秘密等。

3. 当对方做出让步时，大声重复他们的提议旨在对他们的提议加以强调，使对方一言既出，驷马难追。

4. 密切观察对方做出的连续让步是如何传达出来的，注意对方让步的方式、重要性及出现频率。

5. 仔细计划你做出让步的步骤。继续观察你的让步率和比率给了对方什么印象；巧妙地计划出你的让步内容和步骤；将让步作为全部谈判战略的一个组成部分。

6. 试探性地提出你的让步。在谈判中要避免过早地做出承诺，不要在没有预见到长期或短期后果前就做出让步。正确的做法是试探性地提示你的让步，然后密切观察对方对你谨慎的提议的反应（口头的或书面的）。可参考的说法如：“假如我……你会怎么说？”

7. 交换让步——恳求交换。不管什么时候，都要充分利用社会互惠的原则，即在你提出让步的同时，要求对方也做出相应的让步。

8. 让步不能过于频繁。尽管高明的谈判者都清楚谈判中绝不能轻易向对手让步，但是他们同时也很清楚，一点让步也没有那就不叫谈判了。所以，关键的问题不在于要不要让步，而在于怎样让步。

让步无非由两个组成因素：一个是让步的幅度；另一个是让步的次数。一般来说，让步幅度不能过大，让步的次数不能过于频繁，这样的让步才最容易取得成功。因为如果让步的幅度过大，或者次数过于频繁，就会轻易暴露自己的谈判底线，使自己陷于被动。

无论你是多么渴望谈成这笔交易，也无论对方如何对你软硬兼施，你向对方让步的次数绝不能过于频繁。

假如你要销售一批产品给对方，你的第一次报价是500万元。对方先开口说：“据我们所知，贵方这个报价有些虚高了，显然是在试探我方，请将贵方的真实报价呈上。”于是，你给他降低了20万元，成了480万元。这时对方又说：“我们比较过同类产品的价格，贵方这个价格还是有些偏高。”于是你又降到了460万元。然后对方又说：“我们两方是第一次谈生意，再给我们优惠一些吧。”于是你又降到了450万元。

想象一下，假如你真的如此频繁地降价，对方会怎么想？“原来让他们降价这么容易啊！好，那我就一次又一次地逼他们降价。”于是，你每一次的降价都放大了对方的欲望，对方只会向你的底线步步紧逼，直到将其攻破。为什么不这么做呢？既然只要肯前进就能得到相应的利益，他们当然要多为自己争抢些东西了。

而且你这样频繁地降价丝毫不会引起对方对你的好感，他只可能会想：原来对方报价的水分这么高，实在是可恶！这样即使他最后在谈判中得到了很多的利益，他也不会对你产生多少感激。相反，如果你能坚持自己的立场，绝不随意向对方降价，对方可能还会敬重你是个有原则的人。

在谈判时，你也应该细心观察对方对你做出的让步，不要因为他让步的幅度越来越小就误认为他已经让到底线了，这很可能只是他的一种诡计而已。

在谈判中，喊价要狠，让步要慢。人们总是比较珍惜难于得到的东西，在商战中同样如此。对方不会欣赏很容易得到的成功，太容易得到的东西他们不会太珍惜。因此，假如你真想让对方快乐、满足，就让他们去努力争取能够得到的东西，让步应该是循序渐进、步步为营的。要坚守每一个阵地，不轻易地让步，不做无谓的让步。无论是怎样的让步，哪种形式的让步，都不要轻率做决定，你要努力使你每一次的让步都是有效的，并且是有回报的。

即使是老练的谈判专家，有时候也不得不做出让步。不过在这种极为不利的形势下，他仍要设法应付，以保住谈判的主动权。但是要如何应付呢？当你在不得已的情况下而不得不做出让步时，最重要的，就是应先向对方详细说明之所以让步的理由，让对方了解，你并非因为立场不稳或是所提出的主张不够正当才做让步的。

可能的话，在让步之前，应提出某个“交换条件”，告诉对方，“我知道了，关于这一点，我可以做出让步。不过，我希望你也能……”这就表示，让步并非单方的，而是谈判双方“各让一步”。这么做，可以防止谈判的主动权落到对方手中。

## 运用逐步蚕食策略

一位高明的谈判者在谈判之初并不提出自己全部的、真正的要求，而是随着谈判的不断深入，采取挤牙膏的方法，顺顺当当地使对方做出一个又一个的承诺，直到满足自己的所有要求为止。

当你在谈判中想“一口吃成一个胖子”的时候，你很可能最终什么都得不到——这不是忠告，而是规则。想想看，当你面对一个一下子提出许多要求来让你满足的谈判对手，你的第一反应是什么？你的第一反应很可能是：这个人没有谈判经验或者是这个人怎么提出这样的无理要求。接下来，你会百般提防他，以至于最终你们的谈判无疾而终。如果你不想你的谈判对象对你产生这种印象，那么你最好不要急功冒进。

在一家组合音响的销售门市部里，一对正在筹办婚礼的情侣看中一款式样新颖、功能齐全、音色柔美的高级组合音响，营业员也极力向顾客推荐，并对各种功能详细地加以介绍，还为他们进行了必要的试机，顾客比较满意。但是有几个问题困扰着这对情侣一时难以决策，一是虽然音响质量、式样、功能都较好，但标价相当高，已经超出了他们的预算；二是家用电器在使用过程中比较爱出毛病，一旦3个月之后音响发生故障，就会带来很多麻烦，而且即使3个月内保修，修修补补总不是滋味；三是门市部售出的音响全是散件，对组装和调试都无能为力，并且门市部距离他们家比较远，运输也成为一个不小的困难。

为了解决这些困扰他们的问题，这对情侣决定去认真地同营业员交涉。顾客对营业员说：“由于回运路程比较远，事先又没有准备，所以能不能由商店想办法运送？”营业员考虑到顾客的具体情况，且运货员正好有空，便满口答应了顾客的要求。接着，顾客又向营业员提出，商店销售的音响十分零散，他们对组装和调试一窍不通，希望商店能够帮助安装、进行调试。商店知道运货员完全熟悉这项工作，于是也答应请运货员送到之后，帮助顾客解决这一问题。

在此基础上，顾客又述说了自己的后顾之忧，担心音响会因质量问题而带来麻烦，尽管3个月内可以保修，可总感觉不完满，而且如果3个月后出现故障，那就更觉得冤枉了。看到顾客忧虑的情绪，营业员答应，3个月内出现故障可以进行调换，并且特别将保修期延长到1年。

最后，顾客要在价格上同营业员讨价还价了。他们向营业员表示，商店为了解决他们的困难，特别在运送、安装调试以及售后服务上给予了特别的优惠，他们很受感动，决定买下一台组合音响，只是产品的价格实在太高了，超出了他们的预算和支付能力，如果商店能够考虑降低一部分售价的话，他们会马上购买这套音响。

对于顾客的最后一项要求，营业员开始就表示反对，认为音响的标价已经非常优惠了，对方在这个价位上还要继续压价，明显缺乏购买诚意，真是不知足，就想取消这单生意。后来，营业员考虑到在运送、安装调试、售后服务等条件上都接受了顾客的要求，加之对方的态度看上去并不像缺乏诚意的样子，倒是确实资金紧张，又改变了主意。但是在价格方面，营业员做不了主，他亲自去找销售经理，向经理说明了具体情况，并且特意替顾客说了很多好话，经理也答应了顾客最后降低价格的要求，这样顾客就以他们能够接受的价格买走了这套他们非常中意的组合音响。

一点一点地“啃”对方的利益，不能着急。你要知道，坐在你对面的那位也是精英，他不会随随便便地给出许多让步，因此要想获得更多的利益，你就要小心从事。你要明白当你每天上班迟到3分钟的时候，每个老板都不会过多地批评你。但是如果每个员工都这样，长年累月地计算下来，你的老板会哭的。

有一则非常经典的“蚕食”故事，说的是一个乞丐看到一户人家在晾晒香肠，乞丐就向主人乞讨。主人没有理睬，后来这位乞丐说：“我很饿，你能不能就切一片给我？”主人想了想：“一片也不多。”就给乞丐切了一片香肠，乞丐吃了香肠以后向主人道谢了，就走了。第二天，乞丐又来了，还是向主人乞讨了一片香肠，主人也满足了他的要求。这样，接下来的每一天乞丐都向主人乞讨一片香肠，直到最后整节香肠都被乞丐吃完了。

其实在谈判中，都有很多“香肠”的故事。因为人们往往对比较小的利益不会特别在乎，都会满足对方。有经验的谈判者绝不会一开始就向对方提出自己全部的要求，而是在谈判过程中把自己所需要的条件一点一点地提出来，这样累计起来，就会得到“一整节香肠”。

## 不可不学的谈判拒绝术

在谈判过程中，当销售人员不同意对方观点的时候，一般不应直接用“不”这个具有强烈对抗色彩的字眼，更不能威胁和辱骂对方，应尽量把否定性的陈述以肯定的形式表示出来。

例如，当对方在某件事情上情绪不好、措辞激烈的时候，销售人员应该怎么办呢？一个老练的谈判者在这时候会说一句让对方完全料想不到的话：“我完全理解你的感受。”这句话的巧妙之处在于婉转地表达了一个信息：不赞成这么做，但使对方听了心悦诚服，并产生好感。

喜剧大师卓别林曾经说过：“学会说‘不’吧，那样你的生活将会好得多。”

作为谈判者，尤其要学会拒绝，才能赢得真正的交流、理解和尊敬。

1. 尽量说“我”“我们”

拒绝的技巧有很多，但目的只是一个，就是既要说出“不”字，又使人觉得可以理解，尽可能减少对方因被拒绝而引起的不快。

对于谈判，马基雅维利有一句名言：“依我所见，一个老谋深算的人应该对任何人都不说威胁之词或辱骂之言。因为两者都不能削弱敌手的力量。威胁不会使他们更加谨慎，辱骂则会使他们更加恨你，并使他们更加耿耿于怀地设法伤害你。”

因此，谈判出现僵局，销售人员需要表明自己的立场时，也不要指责对方。你可以说：“在目前的情况下，我们最多只能做到这一步了。”

如果这时你可以就某点做出妥协，你可以说：“我认为，如果我们能妥善解决那个问题，那么，这个问题就不会有多大的麻烦。”这样，你既维护了自己的立场，又暗示了变通的可能。在这里所用的词都是“我”“我们”，而少用“你”“你们”。

2.寻找一些托词

在谈判中，遇到你必须拒绝的事情，而你又不愿伤害对方的感情，这时你可以寻找一些托词。例如：“对不起，我实在决定不了，我必须与其他人商量一下。”“待我向领导汇报后再答复你吧。”“让我们暂且把这个问题放一放，先讨论其他问题吧。”这种办法可以摆脱窘境，起到既不伤害对方的感情，又使对方知道你有难处的作用。但是，这种办法总有点不干脆。因为，这样虽能一时敷衍过去，但对方以后还可能再来纠缠你。总有一天，当他发觉你以前所有的话都是托词，他就会对你产生很坏的印象。所以，有时不如干脆一点、坦白一点，毫不含糊地讲“不”。

一个训练有素的销售人员，打从客户开门的那一瞬间起，就会使出各种说服的技巧来。这些说服的技巧大致都是由几句话连贯起来，想把客户的心理导向对自己有利的方向。所以，如果客户想要拒绝他，只要在这个诱导效果尚未发挥出来之前，分析其文句的连贯，把每一句话逐句否定就可以了。

有一天，一位推销员推开老王家的门，说：“能不能给我10分钟的时间，我是来做市场调查的。”

对方是十分认真的，所以，老王如果有时间，陪陪他是无所谓的。不巧，夫人不在家，而且他正在写期限将到的稿子。

老王正感到为难时，对方很快发现了门边的羽毛球拍。

于是他开口说：“你好像对羽毛球……”

老王不得不打断他的话：“不，那是我夫人偶尔……”

“哦，夫人会打，那真好……”

“不好，老不在家……”

“那么请借用5分钟……”

“呀，已经超过了吧？”

这样一来一去，那位推销员只好知难而退了。

对销售人员而言，他当然想要和客户搭起一条心的输送带。如果在“你好像对羽毛球……”之后答一句“嗯，马马虎虎”，那么“心带”就算已被挂住。然后，接下去的是“是不是从小就喜欢？是否参加过什么比赛”之类的问话，一直引导到他要推销的产品上。为避免这样的结果，客户可在对方的输送带尚未挂上之前，就将其割断，那销售人员就无计可施了。

3.使用一些敬语

在谈判中使用一些敬语，也可以表达你拒绝的愿望，传递你拒绝的信息。

有位长年从事房地产交易的人说，生意能否谈成，可以从客人看过房屋后打来的电话里得知一个大概。大部分客人在看过房屋之后，会留下一句“我会打电话和你联系”，然后回去。不多久，他们就打来电话了。从电话的语气中，可以明了客人的心意。

若是有希望的回答，那语气一定是亲密的；若是一开始就想拒绝的客人，则多半会使用敬语，说得彬彬有礼。根据多年的经验，这位房地产经营老手一下子就会判断出事情有没有希望。

据说在法院的离婚判决席上出现的夫妻，很多都会连连发出敬语，好像彼此都很陌生似的。这也是想用敬语来设置彼此间的心理距离、互相在拒绝着对方的表现。

所以，当你想拒绝对方时，可以连连发出敬语，使对方产生“可能被拒绝”的预感，形成对方对于“不”的心理准备。

4.讲究策略

在谈判中，拒绝对方一定要讲究策略。婉转地拒绝，对方会心服口服；如果生硬地拒绝，对方则会产生不满，甚至怨恨、仇视你。所以，一定要记住，拒绝对方，尽量不要伤害对方的自尊心。要让对方明白，你的拒绝是出于不得已，并且感到很抱歉、很遗憾。尽量使你的拒绝温柔而缓和。

美国的消费者团体为了避免被迫买下不愿意买的东西，发行了《如何与推销员打交道》之类的手册，介绍了如何拒绝来访的推销员的各种办法。其中以“是的，但是……”法最为有效。

比如，对方说：“你闻闻看，很香吧？”你可以说：“是的，但是……”先承认对方的说法，然后以“但是”的托词敷衍过去。

倘若开始就断然说一句“不”，推销员一定不会甘心，千方百计要和你磨蹭。可是，“是的，但是……”的话，则是“和布帘掰腕子”，没有什么搞头了。对方再精明，也无可奈何，只好放弃说服你的企图。

谈判也是如此，说“是”总比断然说“不”能给对方以安心感。也就是说，这时的“是”发挥了把两个人的心联结起来的“心桥”功能。一旦两人之间架上了心桥，即使再听到“不”也不容易起反感。

所以，你想拒绝对方时，应先用“嗯，不错”的话来肯定对方。或说：“是的，您说得一点也不错。不过，请您耐心听听我的理由好吗……”这样婉转地叙述反对意见，对方较容易接受。

对谈判对手的要求给予笼统的答复，这也是拒绝对方的方法之一。

有一位广告公司的负责人曾介绍经验说，对那些携带自己的画来应征的年轻人，如果他不满意他们的画，他就会用如下笼统的语言打发他们走：“嗯——我不太看得懂你的画，请画一些我能看得懂的画来吧……”“我今天很累，也许是昨夜工作得太迟的关系……”这种拒绝是很笼统的。

“我不太看得懂你的画”，那么“我能看得懂的画”又是什么呢？对方不清楚他的意图，怎么画？这样，对方失去了进攻的目标，只好悻悻退下。

这种方法可以不让人感觉到被拒绝，却巧妙地达到了拒绝的效果。

5.你该怎么办？

有时在购买东西时，往往要受到卖者的纠缠，许多人不知如何拒绝。

一位太太是这样拒绝卖者的：“不知道这种颜色合不合我先生的意。”还有一位少妇是这样拒绝的：“要是我母亲，我选我喜欢的就行了，但这是送给婆婆的呀，送她这个不知道会不会满意？”

显然，这些拒绝本身都是非常笼统的。用这种笼统的方法拒绝对方，当然要比直接说出针对对方货物的不满要好得多。

总之在谈判中，会说“不”字和不会说“不”字，效果是大相径庭的。

销售人员在说“不”字时，必须记住下面几点：

（1）拒绝的态度要诚恳。

（2）拒绝的内容要明确。

（3）尽可能提出建议来代替拒绝。

（4）讲明处境，说明拒绝是毫无办法的。

（5）从对方的角度谈判拒绝的利害关系。

（6）措辞要委婉含蓄。

掌握好这些方法，你就是一个高明的销售谈判者了。

# 第五章
# 培养各种人际关系

成功学大师戴尔·卡耐基曾经说过：一个人事业上的成功，15%是由于他的专业技术，另外的85%主要靠人际关系、处世技巧等。由此可见，人脉的地位举足轻重。对于销售员来说，成功不在于学历、身份，而在于身边有怎样的人脉关系。人脉网上每一个结点都是金钱，都是成功之源。销售员只有拥有人脉网，才能得到客户，轻松签单。只有建立人脉网，销售员才能真正独当一面。

## 搞定客户先搞定关系

一位女性医药代表的客户群体是医生，这些医生很多都是狂热的高尔夫爱好者。于是她问了自己一个关键问题："其他什么行业或组织会从与这些医生的接触中获益？"

她想到的是那些大的折扣高尔夫连锁机构。其中的一个在她所在的城市有四家分店。她联系的医生中有将近50位都是高尔夫爱好者。这样，她马上萌生了一个想法：医生是富裕的阶层，当他们在高尔夫上花钱时，他们很有可能也会花很多钱在俱乐部和其他事物上。

想到这里，她马上去与四家连锁店联系："我联系了一些医生和其他高尔夫爱好者。如果你能给我礼券，给他们一个免费的名牌高尔夫球，我确保能把它送到他们手里。然后，这些人会了解你们的店。"

看到这里，也许你会产生一个疑问，为什么高尔夫球店要将礼券、名牌高尔夫球托付给一个完全陌生的女人呢？为什么要做这笔投资呢？不过看到下面这个问题后你就会明白了。

零售商在广告上要花多少钱呢？或许平均吸引一个人来光顾要花20或30美元。然而她现在仅花费4美元——一个高尔夫球的价格，就可以直接把礼券送到目标顾客手里，并且要求医生亲自拿着礼券去兑换礼品。

那么，这样做替高尔夫球商店做了广告，对她自己又有什么好处呢？奇妙的是，她将这个礼物作为医生想见她的一个动机。对高尔夫店主来说，收回投资是关键，每个人进店只得到了一个高尔夫球。但在逛商店的时候，却可能购买其他商品，还有可能成为常客。至少，零售商把医生的名字写在了名单上。

对于这位女销售员来说，她现在有了免费派发高尔夫球的能力，这不但为她省下了一大笔购买礼物的钱，而且可以增加她与医生们的感情，帮助自己取得客户的信任和好感。这个绝妙的方法，让参与其中的每个人都是赢家——交叉推广和关系营建的最高境界。

没有任何一个人的日常活动是在完全隔绝社会的状态下展开的。交叉推广和关系营建可以让你认识的所有人，都成为你的潜在客户、目标客户，只要你有勇气、有头脑主动去创造属于自己的一片天地，就一定能取得不小的收获。你要把握住这些关系：

1. 你的同事、上级都可以成为你人脉圈的成员，但是你要保证做好本职工作，赢得同事的尊敬，这样才能取得一呼百应的效果。

2. 客户帮你建立人脉圈。你所服务的客户如果能够认可你，不但在工作上可以给你提供帮助，而且他还可能会帮助你开发新的客户。

3. 作为竞争对手的销售人员不再是你死我活的关系，而是自觉地组成了一些小圈子，大家在一起交流信息、经验等，你也要注意并加入这些圈子，拓宽人脉。

4. 行业内的专家等。这些人也可以给你提供一些信息和工作方面的指导，但是你不一定能和这些人进行面对面的沟通和交流，但是可以和他们保持电话和邮件等形式的交流和沟通。

5. 你以前的同事、同学和老师，还有他们的家人和亲戚，在聚会或者俱乐部认识的人都有可能是你的人脉资源。

每个人的知识、阅历都是有限的，没有人会成为全才，所以不必苛求自己成为全才。术业有专攻，每个人都有自己的专长。善于与人交往，有广泛人脉关系的人，在与不同的人群交往中能开阔眼界，了解到各种新的信息，使你的人生更加丰富。在各个行业中积累自己的人脉关系，会给自己带来丰富多彩的人生和广阔的事业天地。

## 人脉是赚钱的基础

和许多专业推销员一样，相对于你现在的生产力水平而言，你其实已经具备更多的技巧、教育和培训。在开始一次推销时、调查出一种需要时、设计一个方案时、或成交一个销售时，你可能会感觉良好。如果你做了一次通盘分析，你就会发现在你的生意中你很可能最不喜欢的就是自己在探寻新生意时不得不面临的被拒绝。

战胜被拒绝的一个办法就是开发出一套营销计划，这套计划通过有影响力的中心人物来定位你的产品或服务，你可以运用这套系统达到自己的目标，而且把被拒绝的痛苦降低到最小的发生概率。

一套以能产生被荐人为基础的营销系统对你会有用，主要是因为你的确可以学会它，但更主要的是因为它的建立基础扎根于人性的本质：人们愿意帮助那些他们喜欢和关心的人，想一想最近一次你向别人引荐的生意。你之所以这么做，难道不是因为你知道介绍这两个人互相认识会让他们两个建立起一种双赢的关系吗？

一位MDRT的专业推销员几年前曾经向他的一位客户引荐一个财务计划员，他回忆说："我认识这位计划员已经有一段时间了，而且我相信她的能力、办事手法和动机。我知道她有能力让我的客户高兴，让他们两个接触，长期来说，对他们、对我都有好处。"

从中心人物的角度来看，他们也确实有客户需要你的产品和服务。不过为了能让他们更自如地为你提供被荐人，你必须成为这些中心人物可以依赖的供应者，当他们的朋友或熟人需要你的产品或服务时，你既具备充分的技能，又肯定会诚实正直地帮助他们。一旦建立了依赖和信心，被荐人就会纷至沓来。

吉田登美子，1976年进入三井人寿保险公司京都分公司。曾任三井人寿保险公司京都分公司直属企业FD的保险理财顾问。1977年，成为MDRT会员。1985年至今，她是三井人寿冠军推销员，顶尖会员，MDRT三井分会会长，全日本寿险推销人员协会京都府协会会长。1995年契约总值约为65亿日元，所得总金额为8000万日元。

进入三井人寿之初，吉田登美子所做的第一件事情，就是挨家挨户拜访客户。每天一早，她会抱着一大摞宣传单，固定在一个邻里拜访发送，这段时间吉田登美子不是被关在门外，就是被当面拒绝。

后来经过市场调查，吉田登美子选择医师和医院作为她的推销市场。

吉田登美子依照地图的标示，决定走完京都大大小小所有的医院诊所。一天，她正要去车站搭车，可是人一到月台，电车正好开走了，而下一班车还得再等20分钟。吉田登美子突然看到月台对面有一块医院招牌，于是吉田登美子大步来到这家医院，才到门口，便凑巧撞上穿着白衣的医生。吉田登美子一时头脑反应不过来，便劈头直说："我是三井人寿的吉田登美子，请你投保！"

这位医生对吉由登美子的单刀直入产生了兴趣。

"这么简单就要人投保呀？有意思，进来聊聊吧。"

进了医院，吉田登美子将平时学会的保险知识全盘托出，最后还加了一句："我正要从上贺茂开始，一直拜访到伏见。"

其实医生早已买了好几份保险，也知道吉田登美子还是保险推销的新手。可是看在吉田登美子态度认真的分上，说出了心里话："保险实在高深莫测，说实话，我已经保了五六份，可是每次都被保险推销员说得天花乱坠，事后根本一问三不知，这里有我两张保单，就当是学习，给你拿回去评估评估好了。"

拿了保单，吉田登美子充当医生的家人，分别拜访了医生投保的公司，一一确认保单的内容，然后制作了一本图文并茂的解说笔记。

当医生把解说笔记交给他的会计师看时，会计师极力称赞这份评估报告，而且还建议医生买保险就最好向吉田登美子买。结果，医生就正式要求吉田登美子为他重新组合设计他现有的那六张保单。

吉田登美子根据医师的需求，将原本着重身后保障的死亡保险，转换为适合中老年人的养老保险与年寿保险。对吉田登美子来说，这位医生客户不但为她带来一份高达8000万日元的定期给付养老保险契约的业绩，同时也给了她一次难得的比较各家保险公司保险商品的机会。

后来，这位医生又将吉田登美子介绍给几位要好的医生朋友。这几位医生，也都请求吉田登美子为他们评估现有的保单。而吉田登美子也不厌其烦地为他们制作解说笔记，详细记录何时解约会得到多少解约金、不准时缴费的结果、残废后的税赋问题，等等。

通过层层介绍，吉田登美子由一个医师团体介绍到另一个团体，就这么辗转引介，吉田登美子终于拥有最高医师客户占有率的保险推销员的头衔。这个成绩相当难得，因为京都地区的医师团体向来十分封闭，一般推销员如果不是套关系，根本无法切入这块人人觊觎的市场。

于是，在进入三井人寿的第二年，也就是1977年，吉田登美子顺利登上了京都地区的业绩冠军宝座。

人脉是一笔潜在的财富、一种无形的资产。创建有效、丰富的人脉关系，就等于拥有了制胜的法宝、成功的诀窍。

## 做生意前与客户交朋友

博恩·崔西是世界一流的潜能大师、一流的效率提升大师、一流的销售教练。他的书籍被翻译成多种文字，他的训练帮助了千千万万的生意人。

博恩·崔西的秘诀就在于：让客户成为自己的朋友。他相信，只有客户成为自己真正的朋友，他们才会真正地为你的生意着想，才有可能成为持续推动你的生意前进的重要力量。

那么，他是如何做到让客户成为自己的朋友呢?

第一，在客户身上投资更多的耐心，花更多的时间与顾客待在一起，为顾客设想，与顾客建立商业上的友谊。

博恩·崔西在和客户相处的时候，他绝对不会急着赶时间。他要向人表明，他愿意花足够的时间去帮助顾客做出正确的购买决定，他绝对不会对顾客没耐心。

第二，真诚地关怀客户。你越关怀客户，他们就越有兴趣和你做生意。关怀的感情因素是那么强烈，往往使得价格、相对品质、交货效率、公司在市场上的规模，都敌不过它的威力。一旦客户认定你是真正关怀他和他的处境，不管销售的细节或竞争者怎么样，他都会向你购买。

第三，尊敬所遇到的每一个顾客。常言道："一个人有所为有所不为，都是为了博得你所重视的人对你的尊敬。"一个人的骄傲、尊严、自我肯定，大部分都来自受到别人的尊敬程度。你越在意别人的意见，别人对你的尊敬程度就越会影响你的行为。

每当我们感受到别人的尊重，我们就会对那个人特别重视。假如有人尊敬我们，我们就会认为那个人比较优秀、比较有判断力、比较有内涵，而且个性也比较好。

第四，绝不批评、抱怨或指责顾客。绝对不要站在你的立场上批评任何人或任何事，不要恶言相向或批评你的竞争者。每当你听到别人提起竞争者的名字时，只要微笑地说："那是一个很不错的公司。"然后就继续做你的产品介绍。假如有人告诉博恩·崔西，他的竞争者是如何地批评他，他只会一笑置之。让我们彼此尊重吧！

第五，毫无条件地接受。希望能够被他人毫无条件地接受，是所有人最重要的需求之一。你只需要用微笑，并且表现温和友善，就可以表达你接受他人的态度。一般人都喜欢和那些能够接受他们本性的人在一起，而不想受到任何评判和批评。

你越能够接受别人，他们就越愿意接纳你。

第六，赞同顾客。每当你称赞并同意他人所做的任何事，他就会感到快乐并且会变得更有精神。他的心跳会加快，会觉得自己很棒。当你在每个场合都竭力找机会对他人表示赞扬及同意的时候，你就会成为到处受人欢迎的人物。

第七，感谢每一个帮助过你的顾客。只要你感谢任何人所做的任何事，就会让彼此的自我肯定上升。你会让他觉得自己更有价值也更重要。

你一定要养成随时感谢他人所作所为的习惯，尤其要向那些会让你期望的好事连连不断发生的人，表达感谢之意。

第八，羡慕。每当你羡慕一个人的成就、特质、财产时，就会提高他的自我肯定，让他更得意。只要你的羡慕、赞同、感谢都是发自内心的，别人就会因此而得到正面的、肯定的影响。他们对你产生好感的程度，取决于你让他们对自己及生活的满意度。

第九，绝不与顾客争辩。你只要别跟客户争辩就好了。不管客户说什么，你只要点头、微笑，并且欣然同意就好，顾客喜欢与自己英雄所见略同的人打交道，他们不喜欢和爱抬杠的人相处。即使当客户明显犯错时，他还是讨厌你把他的问题揪出来。把眼光放在建立关系上面，以建立关系的利益来考量。

第十，集中注意力，倾听顾客在说什么。当客户说话时，你把注意力集中在他的身上，就是对他最大的恭维。你会让他觉得自己很有价值，而且很重要。

你的任务就是成为一个人际关系高手，成为一个人际关系专家；你的任务就是去成为一个在行业中最好、最有人缘的人。

销售员既要服务客户，又要学会与客户交朋友，只有与客户交朋友了，我们的工作才能够顺利开展，你与客户的关系才能更为紧密，客户满意度才会水涨船高。如此，离签约也就不远了。

## 多对顾客朋友做感情投资

在你和你的顾客朋友的商务交际之中也需要“感情投资”。所谓感情投资，说简单点，就是在生意之外多了一层相知和沟通，能够在人情世故上多一份关心，多一份相助。即使遇到不顺当的情况，也能够相互体谅，“生意不成人情在”。

这种情况往往有多种表现。一种是自然形成的，在生意交往的过程中遇到比较投缘的客户朋友，有了成功的合作，感情自然融洽起来，这就是我们常说的有缘分的人。有缘自然有情，关系好的时候，互相付出自然不在话下。问题在于如何保持和持续这种私人关系，继续爱护它、增进它，使其长久。

其实，即使有缘，彼此能够一拍即合，要保持长期的相互信任、互相关照的关系也不那么容易，仍然需要不断进行感情的投资，尤其是在商场上。各自都为自己的利益，很容易彼此起疑心，结果就会由合作变成对立，人情变成了敌意。为什么走到了这一步？往往是忽略了“感情投资”的结果，甚至是已经忘掉了这一点。

很多人都有这种毛病，一旦关系好了，就不觉得自己有责任去维护它了，往往会忽略双方关系中的一些细节问题。例如该通报的信息不通报，该解释的情况不解释，总认为“反正我们关系好，解释不解释无所谓”，结果日积月累，形成难以化解的问题。而更不好的是人们关系好了之后，总是对另一方要求越来越高，总觉得别人对自己好是应该的，稍有怠慢或者照顾不周，就有怨言。由此很容易形成恶性循环，最后损害双方的关系。

可见，感情投资应该是经常性的。在你需求客户朋友支持的过程中不可没有、也不可似有似无，而应该从小处、细处着眼，时时落在实处。

## 让名片开拓自己的交际圈

名片，是扩大你的交际圈多交朋友的重要工具，建立销售渠道最实惠的工具。如果你发现了名片的妙用，可能在某天你突然发现，自己无意中发出的名片，给你带来了一笔笔巨大的生意。

寻找客户是所有销售员面临的难题。当你一筹莫展的时候，是否想过，在电梯里、在公共汽车上、在餐厅里、在熙熙攘攘的商业中心，到处都是你的潜在客户！在销售员的业绩当中，除了让生意在熟识的人身上开花结果，更要主动寻找客户。无论是做什么生意，你会发现和与人交谈是一件非常有趣的事情。想迅速结识你周围的陌生人，名片能够帮上你大忙。

营销大师乔·吉拉德不但热情诚恳地对待每一位客户，还把每个人都看成自己的准客户，他到处派发名片，即使在餐馆用餐，他也不忘记把自己的名片夹到账单里。这种做法让乔·吉拉德的名片几乎满天飞，人人都知道，有个卖汽车的家伙，名叫乔·吉拉德。

乔·吉拉德不光是名片的消耗大户，更精通于高级情感推销术。乔·吉拉德手里总会储备大量的明信片，每个月，他都会寄明信片给自己的客户，给他们寄去自己的问候。同时，他还知道每个客户的生日，并在客户生日的前一天送去温馨的祝福。

乔·吉拉德的情感营销，不但让他自己逐步走进客户的心里，更为他赢来了越来越多的客户。销售产品其实在本质上是销售自己，要是世界上每个人都知道你在推销这种产品，并且能从你这里得到一种非常棒的体验的话，相信你会创造一个大大的销售奇迹，取得辉煌的胜利。你现在要做的事情就是充满激情、全心全意地去完成它，不要放过任何一个推销自己的机会。你的派发名片工作最终会取得什么样的效果？汤姆·霍普金斯给你讲述了他自己的故事：

汤姆·霍普金斯在做房地产销售时，每付一次账都会附上一张名片。他每时每刻都在做着推销自我的工作。

有一天，一位女士打电话给他，说：“先生，你不认识我，但我先生跟我想换一间大一点的房子，我们想跟你谈谈这件事。”

“你怎么知道我是从事房地产销售的？”

“我是在处理你付给煤气公司的费用时发现的，”她说，“在我的办公桌上大概有两打你的名片。起初，我并没留意，但是，我每次接到交费单都可以看到你的名片，我想你是个用心的人，找你应该没问题。”

派发名片，或许不会马上帮你创造效益，但绝对是扩大自己社交面的好方法。世界上所有的成功者都有派发名片的好习惯。法国亿而富机油前总裁，每年都定下目标，要与一千个人交换名片，并跟其中的两百个人保持联络，跟其中的五十个人成为朋友，他遵循的就是大数法则。你看到这样做的价值了吗？

要知道，你所递出去的每一张名片，都承载着你的努力、记载着你的专业。它会让人们更加了解你、更加在乎你，随后会时时记起你。

得到人们的关注，不正是销售员最在乎，也是最难做到的事情吗？看，一张名片就帮你做到了！

1. 随身携带大量的名片，见人就发，这样会增加自己和产品的知名度。在拜访客户时，一定要带高档的名片，比较适合收藏。

2. 派发名片时，一定要双手递出并看着对方的眼睛表示尊重。在接对方的名片时，一定要看看对方的名片，然后再装进上衣口袋。一定不要忘记把对方的名片装好，当对方的面随便丢弃对方的名片是非常不礼貌的，会给对方一种无教养的感觉，影响下一步的合作。

其实，用名片寻找职业和事业上的贵人是不需要“技巧”的技巧，人人都能办成，关键是要有人脉资源经营的意识，用心寻找，用心经营。当你碰到一个人，他走进了你的五步范围之内，你应该友好而热情地自我介绍，将名片递给他们。随后，可以笑着告诉对方：“希望我有一天能为你或者是你的朋友服务。”

## 坚决不做一次性买卖

获得一个新客户所需的花费比让现有客户再次购买所需的花费多四倍。如果计划搞一个特殊优惠活动或设计一个奖励忠诚客户的计划，就应先考虑将这些优惠或奖励最先提供给长期客户而非用来吸引新客户。这也是“客户服务升级规划”所要求的。奖励那些长期客户和忠诚客户，将会带来意想不到的收益。销售人员可以通过统计客户向他人推荐公司的次数和再次购买行为的次数来检验他们的忠诚度。

只有深度理解客户，销售人员才能从客户的角度考虑问题，把握住消费者潜在的情感，准确地预测客户对于销售人员本人而不是产品的反应。这种预测客户反应的能力正是销售的核心。

另外，在实践中，情感记忆往往被很多销售人员忽视。人们认定，客户知道服务质量如何，就会自动地据此决定未来的购买行为。但是，如上所述，真正决定客户反应的系统不受理性意识的控制。有鉴于此，销售人员要善于寻找情感路径。例如，一位美国汽车销售员的业绩领先于同事的原因竟是他为客户每月送贺卡，上面只有一句话“我爱你”。就这么简单，但他抓住了营销中最重要的一环——与人建立了情感联系，并不断强化情感记忆，因此获得了非凡的业绩。

做销售的最高境界是与客户成为知心朋友，这是无论网络营销还是市场营销都行之有效的最好方法。要想让客户不忘记你，你就要时时刻刻想着他们。

经常交流才能增进友情，生意场上要想保持长期的合作关系，没有感情做基础的合作，随时都会出现“危机”，留住了客户的心就留住了客户的人。

与客户一次、两次的合作，销售人员可以将其看成是运气与缘分，能长久地合作那就是艺术。研究客户、满足客户的需求及周到的服务，才能与客户达成双赢的共识，才能使你的销售目的“水到渠成”。

建立和维持客户关系，长期留住客户主要有以下几个关键点需要掌握。

1. 销售人员应该不间断地搜集最新的、准确的客户信息

反映客户需求的信息远比一些数字重要得多。客户希望被看成是一个独立的个体，希望被尊重。他们希望销售人员能了解他们，知道他们需要什么、想要什么、期望得到什么。

2. 对产品知识的掌握对于成功建立客户关系至关重要

销售人员必须熟悉公司所能提供的各种商业产品、计划、服务，必须熟悉公司中与客户直接有关的各个部门和个人都在做什么，产品和服务如何运作，客户如何使用产品和服务。好的销售人员必须与全公司的人保持紧密联系，以便随时了解有关产品进展的最新消息。他们还需要了解员工使用自己产品的感受和对产品的意见。然后，他们才能将产品知识信息、自身使用感受、客户信息汇集整理，提升他们服务客户的水平。

3. 在每次接触客户时，为客户提供价值

这并不是说必须给客户提供货币形式的价值，感觉的或心理的价值更好、更重要，对客户更有意义。永远记得对客户说“谢谢”。

4. 与客户建立“双赢”的服务伙伴关系

如果让客户感受到你想要与他们一起协作并提供他们想要的东西，客户就会花更多的时间或金钱购买你的产品。

5. 奖励客户的忠诚

奖励忠诚客户的办法很多，但无论什么办法，一定要确保让客户觉得价值很高。

6. 经常与客户沟通交流

销售人员可以让客户服务更加主动，经常问候客户近来如何。客户能感到你的公司和服务很有人情味，这会加强客户与公司和销售人员的情感关系。

## 防止客户流失的策略

客户流失是很多销售人员面临的难题，失去一个老客户会带来巨大的损失，也许需要再开发十个新客户才能予以弥补。

因此，销售人员应该树立这样一种意识：客户永远是一个很不稳定的群体，维护好客户关系，应该是销售人员坚持不懈的功课。如果你是一个负责任的销售人员，请务必在关键时刻擦亮你的眼睛，以免你的客户在不经意间流失，给你的事业带来不利的影响。

1. 提供更好的服务

满足客户需求是最好的服务，要做到为客户服务，就要以满足客户需求为己任。

各种销售的区别并不仅仅在于产品本身，能否成功取决于你所提供的服务质量。销售人员的薪水都来自那些满意的客户提供的多次重复合作和中介介绍。事实上，如果你坚持为客户提供优质的售后服务，从现在起两年以后，你所有交易的80%都可能来自那些现有的客户；否则，你可能永远也难以建立与客户之间的牢固关系及良好信誉。那种不提供服务的销售人员每向前走一步，可能就不得不往后退两步。

从长远看，那些不提供服务或服务差的销售人员注定前景黯淡。他们必将饱受挫折与失望之苦，他们中的很多人不可避免地会为了养家而从早到晚四处奔波。就是这些销售人员忽视了打牢基础的重要性，他们发现自己每年都像刚出道的新手一样疲于奔命、备受冷遇。所以，对顾客提供最好的、全力以赴的售后服务并不是可有可无的选择。相反，这是销售人员生存下去至关重要的法则。

甘道夫是全美十大杰出业务员之一，历史上第一位在一年内销售超过10亿美元的寿险业务员，他被称为“世界上最伟大的保险业务员”。甘道夫在全美50个州共服务了超过1万名客户，从普通工人到亿万富豪，各个阶层都有。

甘道夫说：“你对你的客户服务越周到，他们与你的合作关系就会越长久。不管你销售的是什么，这个法则都不会改变。”

优质的服务可以排除顾客可能有的后悔感觉，大部分顾客喜欢在买过东西后，得到正面的回应，以确定他们买了最正确的产品。

每当完成一笔交易，甘道夫总会寄上答谢卡给他的客户，即使是最富有的客户。甘道夫有许多成功、富有的客户，他们拥有豪华汽车和别墅，他们什么都不缺，但他们仍然喜欢收到这些卡片。大部分客户每年都会收到生日卡片。甘道夫总会在生意促成时，记住客户的生日，然后在适当时机寄出一张卡片给他们。

此外，每当客户向他买保险到1周年时，甘道夫就会亲自登门拜访。作为一名保险销售人员，他会详细记住客户的资料，如亲戚尚在或已故、结婚或离婚、企业的经营状况等。此外，他还会寄给某位客户可能对他有用的杂志或报道。

在产品大同小异的情况下，为顾客提供更好的与众不同的服务，才是成功之道。

2. 职业道德什么时候都不能丢

作为一个优秀的销售人员，在商品经济愈加完善的今天，必须具有很强的职业道德规范意识。它不但是企业形象的制约因素，也是销售人员自我管理中应特别注意的事。不要说成为优秀的销售人员了，就算是只把目标集中于做好自己本职工作的一般销售人员，也应该具备基本的职业道德规范。

销售人员的基本道德规范都有哪些呢？

（1）以最好的外观呈现产品，不能做出对自己、公司或产品不正当的陈述。

（2）说话算数。你准时赴约200次才能树立起来一个诚信，它却可能因为1次失约而轰然崩塌。

（3）懂得拒绝。如果潜在客户对产品或服务的应用或理解不对，优秀的销售人员应当及早告知，而不是利用潜在客户的不理解促成交易。

（4）懂得负责善后。如果潜在客户确实买了用途不对的产品的话，销售人员不要把黄金销售时间浪费在更正上，更应懂得如何善后。

（5）要培养对客户的个人责任感。做一个成功的人，首先要履行自己的诺言。

当发生你能力控制范围之外的情况时，应立即通知客户。如果你坦白，你的客户也可能会通情达理、会有耐心。

（6）千万不要提供回扣给客户的决策者以换取订单。作为一个优秀的销售人员，首先应该是一个守法的人。

（7）不贬抑竞争对手，因为这样做只会招致相反的效果。

（8）实践证明，先描述自己是一个不错的销售方式。

（9）始终不放松道德标准。因为月底近了而还没达到业绩配额，也应该用道德标准严格要求自己。

（10）向顾客推销你的人品。即销售人员要按照社会道德规范和价值观念行事，要表现出良好的品德，如热情、勤奋、自信、毅力、善意、谦虚、自尊、诚意、乐于助人、尊老爱幼等。著名的“改革闯将”、苏州电扇总厂销售部经理潘仁林总结出一条销售准则：“推销产品，更是在推销你的人品。优秀的产品只有在具备优秀人品的销售员手中，才能赢得长远的市场。”当你与顾客打交道时，你要记住，你首先是一个人，之后才是销售人员。一个人的优劣会让其他人产生不同的感情。时刻完善自我，在销售产品时首先推销你自己。只有顾客对你充分认可了，你的销售才可能成功。

3. 责任面前，勇于承担

一天，一位为公司销售日常用品的销售人员走进一家小商店里，看到主人正忙着打扫卫生。他热情地向店主介绍和展示自己公司的产品，然而店主却默默地望着他，毫无反应。

对此，销售人员毫不气馁，他又主动拿出所有的样品向店主推销。他认为，凭着自己的热情、执着以及完美的推销技巧，店主一定会被他说服，最终向他购买产品的。但是，令人出乎意料的是，那店主却愤怒万分，用扫帚将他赶出了店门。

莫名其妙的销售人员震惊了，他决心要查出这个人如此恨他的原因。于是，他利用休息时间去其他销售人员那里了解情况，终于弄清楚那个店主对他如此不满的理由了。原来，由于他前任的销售人员工作上的失误，使这个店主积压了大批存货，大量资金无法周转，店主的经营也因此受到牵制。虽然这件事和他没有关系，但他认为作为公司的一分子，他有义务解决前任销售人员遗留下来的问题，更有责任通过自己的努力来挽回公司在信誉方面的损失。

于是，他疏通了各种渠道，重新做了安排和部署，并利用自己的人际关系请来一位较大的客户以成本价买下了店主的存货，使店主积压的资金得以回笼。结果是不言而喻的，他受到了店主的热烈欢迎。这个销售人员用自己的责任心帮助公司重新赢得客户的信任，同时也为自己的销售工作在打破坚冰中寻找到了新的途径。

销售人员应该牢记自己的使命，尽职尽责地履行义务，面对责任要勇于担当。“这是你的工作，责任所在，义不容辞！”每一位销售人员都应牢牢记住这句话。对那些在工作中推三阻四、老是寻找借口为自己开脱的销售人员；对那些缺乏工作激情，总是推卸责任，不知道自我批评的销售人员；对那些不能按期完成工作任务的销售人员；对那些总是挑肥拣瘦，对公司、对工作不满意的销售人员，最好的救治良药就是大声而坚定地告诉他：“这是你的工作，责任所在，义不容辞！”

选择了销售这份工作，你就必须全身心地接受它，担负起天经地义的责任，而不是仅仅享受它带给你的益处和快乐。“责任所在，义不容辞！”意识到这一点，努力在工作中做到这一点，以它为动力去战胜困难、去完成任务，那么你就是可以让公司真正放心的员工。

4. 对客户一定要负责

当通用电气前CEO韦尔奇还是工程师时，他经历过一次极为恐怖的大爆炸：他负责的实验室发生了大爆炸，一大块天花板被炸下来，掉在地板上。

为此，他找到了他的大老板里德解释事故的原因。当时他紧张得失魂落魄，自信心就像那块被炸下来的天花板一样开始动摇。

里德非常通情达理。他最关注的是韦尔奇从这次大爆炸中学到了什么东西，以及如何修补和继续这个项目。他对韦尔奇说：“我们最好是现在就对这个问题进行彻底的了解，而不是等到以后进行大规模生产的时候。”韦尔奇本来以为会是一场严肃的批评，实际上里德却完全表示理解，没有任何情绪化的表现。

勇敢地说“是我的错”，不仅表现出一个人敢于承担责任的勇气，也反映了一个人诚信的品质。工作中难免出现这样那样的问题，产生问题的原因有很多，虽然主要责任者可能是一人，但相关人员肯定也有一定的关系。如果流水线工人出现了差错，主要原因是他未按操作指导书操作。但次要原因有很多，如公司的培训是否到位、操作指导书的内容是否明确无误，等等。

在讨论、分析错误产生的原因时，无论是由于你的直接过错引起的，还是间接过错引起的，销售人员都应该勇敢地承认自己的错误。与其让别人转弯抹角地让你讲出来或他们讲出来，还不如自己先吐为快，让你的竞争对手无话可说，并从心里佩服你。而且，隐瞒较大的错误，对自己来说也是一种负担，你会感到内疚，长久下去也会影响自己的身体健康。互相推诿无助于问题的解决，并且还会影响同事之间的关系和部门之间今后的合作，使自己的工作陷入无助的境地。

何不勇敢地承认："是，这是我的错。"然后，反思如果再发生类似的事情，该如何处理？或者请教自己的上司，能否得到更多的授权，以便避免类似的事情发生。一个积极反思如何做得更好的人，是一个敢于负责、积极进取的人。

聪明的销售人员，要勇于承担起自己职责范围内的责任，积极地寻找并把握谋求公司利益的机会。只有这种员工，才是老板心目中值得栽培的对象。

生意谈妥之后，销售人员往往忽略了后面的服务工作，如果想要拥有长期往来的客户，服务工作做不好，订单就像断了线的风筝，不知去向。

对于有出货期限以及分批出货的商品，销售人员应与公司各个有关部门保持紧密联系，追踪工作进展状况，这样才能避免双方产生摩擦与客户对商品的抱怨。销售人员无论什么时候都要对客户负责到底。

销售人员常常被客户抱怨“接了订单之后，就再未见到踪影”。事实上，许多销售人员接完订单后就消失得无影无踪，到了要销售生意时，又像客户公司的职员，每天去报到。这种销售人员是不合格的，是会遭人排斥的。至少平常应该打个电话拜访、问候，这样做不但能增进双方的感情交流，也是连接下一个订单或获得新情报的最好时机。

往日的销售人员在拜访客户时，喜欢带一个礼品盒去慰问客户。但今日的销售人员已有所改变，他们认为最佳的礼品是“最新、最有价值的情报”，这些情报最能让客户感到喜悦。

例如，食品界的价格竞争格外激烈，其销售的对象包含了一般餐厅、饭店、快餐店、杂货店等。这些地方的经营者见到销售人员的第一句话就是商品能否打折。于是，销售人员与客户交谈的话题也就集中在价格的问题上。

针对食品商的利润日益下降这一情形，某食品公司特意做了一个彻底的调查，看看客户真正的需求在哪里，是否只对便宜货有兴趣。但调查结果分析表明，客户最需要的却是“对客户经营最有效的情报信息”与“同业的情报”，单价打折只是怕竞争不过对手，而降低自己的成本则是最直接的方法。

在做完调查工作之后，该食品公司立即将新产品的开发与新的经营情报收集列入销售员的工作中，并以一个经营管理顾问的服务姿态来提供给客户经营管理的信息，并进行指导。从此，该公司与客户之间的话题，非但不是谈降价的问题，更重要的是客户会将自己最困惑以及最渴望解决的问题，拿来与销售人员研究。客户在获得问题的指点之后，销售员也带回了最珍贵的客户需求信息，使该公司的经营成绩直线上升，真可谓一举数得。

下篇

# 绝对成交：搞定客户是门技术活儿

销售的最终目的，就是为了成交。销售，归根结底就是说服和引导客户接受自己的观点并购买产品和服务的过程。无论是接近客户、引起注意、激发兴趣，还是示范产品、唤起购买欲望、克服各种成交障碍，销售的每一个阶段、每一个环节无不都在考验着销售人员的说话能力。

# 第六章
# 激发客户购买欲望

销售，是销售人员与客户之间心与心的互动。在销售的过程中，恰当的心理策略能够帮助销售人员取得成功，有效激发客户的购买欲望，使得销售行为的效率最大化，从而创造骄人的业绩。

## 请将不如激将

销售中的激将法，就是销售人员通过一定的语言手段去刺激客户，以此来激发对方的某种情感，并引起对方的情绪波动和心态变化，最终使这种情绪波动和心态变化朝着自己预期的方向发展。

使用激将法效果如何，取决于销售人员对刺激的“度”的把握，有的“稍许加热”即可，有的则要“火上浇油”；有的只要“点到即止”，有的却要“穷追猛打”；有的可以“藏而不露”，有的则需“痛快淋漓”。

当然，能否取得最佳推销效果，这就要销售人员根据不同的情况而定。心理研究表明：有的人好高骛远、貌似强大，有的人好胜心强，有的人优柔寡断，有的人干脆，有的人忸怩……

销售人员如果能够巧妙地利用上述心理特点，有的放矢，是销售成功的一个基本保证。

有一位小姐看中了某商店橱窗内的一款新式皮鞋，但她只是站在柜台前反反复复地看，问一些无关紧要的问题。很明显，她很喜欢这款新式皮鞋，但又因为价格太贵而犹豫不决。该商店的售货员捕捉到了她这种心理，于是上前问道：“如果这双鞋的价格不能令您满意的话，您是否愿意再看看别的？”

没想到，听了售货员的话后，这位小姐却表情坚定地买下了这双皮鞋。售货员的问话看似很简单，但其中却藏有很深的奥妙，它激发了这位小姐的好胜心，因此成功地销售了这双皮鞋。

使用这种激将的技巧来刺激顾客的好胜心，一定要因人而异，把握好分寸，否则就会弄巧成拙，甚至会激怒顾客。

1. 激发客户的好胜心，但是不能伤害到客户

如果在上例中，售货员对那位犹豫不决的小姐说：“要买就买，买不起就别看了，凭你这模样还想买这么高档的皮鞋。”当然这句话也能对客户产生“激”的效应，不过这话会伤害到客户的自尊心，会产生完全相反的效果，不但达不到销售的目的，反

而损害了商店的形象。

无可否认，人们经常听到一些销售人员用挖苦、贬损的言辞“激”顾客，其实这不过是一种原始的“激将法”，它与现代商品销售中的“激将法”有天壤之别。

2.“激”的目的是让客户摆脱犹豫，但绝不是设下陷阱

曾经有位推销员去一家工厂推销打火机，一些工人围着看，其中有位青年工人说这打火机质量很差，并且价格太贵了。没想到这位推销员却不近人情，挖苦那位工人说：“看您穿这身衣服，恐怕一个2元钱，你都买不起！”这话大大刺伤了那个工人的自尊心，他挥了挥手对其他工友说：“你们作证，他卖我2元一个，我全包了！”于是工友们帮他凑齐钱，把那些打火机全部买了下来。

星期天，他们出去逛商店，才知道这种打火机在市场上只要1元钱就能买到。这位青年才知自己上了推销员激将法的当，后悔莫及。

以上例子，推销员虽然运用“激将法”把商品推销出去了，但他的人品也随着这廉价的商品一齐出卖了。其结果肯定是得不偿失，因为他这种做法没有考虑后果，“杀鸡取卵”，把他以后的推销之路全部堵死了。

所以，“激将法”在销售中要有的放矢，在万不得已的情况下，才亮出这一招。精明的生意人是不会轻易用这种招数的，即便使用它，也应考虑到后果。

## 有时语气不妨强硬些

语气强硬的强势推销，就是刻意奚落客户或逼迫客户，语言必须精确适当，既不能让客户生气，又要成交，施展起来很困难，而且需要相当大的勇气。

伯恩·哈特在向母亲们销售《儿童百科全书》时，就以高明的手腕，施展了使用强硬语气进行推销的技巧。

当有位女士表示对他的商品没有兴趣后，伯恩·哈特一言不发地站在原地，一脸不敢置信的表情。接着他说："强森太太，你的意思是，不帮小孩买这些书籍！你知不知道自己在做些什么？你准备袖手旁观，任由孩子去独自面对未来的竞争！你这样做，等于让孩子丧失竞争的能力。你不过1天投资几块钱，就可以为孩子提供更好的教育机会，而你竟然不愿意，宁可让他们自求多福！"

"我不相信你会这么做，强森太太。只不过在1个月中，1天只花几块钱，你的孩子就可以大大扩展知识面。我相信你愿意投资这些钱，让自己的孩子有个好的开始。"

经过他的这种强硬说服，强森太太最后接受了他的建议。

这番强硬的言辞相当冒险！这番话虽然措辞强硬了些，但又不无道理，也许大部分人听了这种话后会感到不舒服，但也不至于为此而动怒。所以，在某些看似推销不成的情况下，不妨冒一次险。因为，毕竟这样做有挽回局面的可能性。

有时对待无限拖延的客户也可以用此招。面对这种状况，销售人员要学着扑克牌高手说："先生，请摊牌。"

欧维提公司的辛林克就经常采用这种销售技巧。

"碰到棘手的交易"，他说，"业务员必须建立自己的权威，而不是将顾客当作权威。"有一次，辛林克遇到的客户是一家小型的5人公司，正需要会计系统。

辛林克说："一天，我们将这5个人全请到公司，解释我方提供的解决方案。他们很认真，评估了市面上所有的会计系统。1.5万美元的交易，讨论了好几个小时还是无法定案。最后我将机器关掉，把钥匙放入口袋。我说再不定案，请你们都回去。这5个人突然像被驯服了的小猫！乖乖签下了合约。"

使用此法应谨慎，技巧必须非常娴熟，并且要根据客户的具体个性特征与接受能力，掌握好用词的度，否则只会适得其反。

## 对客户进行巧妙的诱导

在销售时，销售人员运用一定的语言诱导是很重要的，但是在运用语言诱导时，必须强调话语的合适性，确保使用的语言能够达到一定的说服效果。如果语言运用不当，有可能会加重被说服者的反感，或带来负面影响。

在说服的过程中，销售人员应该正确地使用引导语，以使说服取得理想的效果。同时，语言诱导不可滥用，一定要恰到好处。

1. 要有目的性地进行语言诱导

销售人员在进行语言诱导时，必须有一个明确的目的，必须让说服过程中所有的语言指向这个目的。例如，你要说服客户购买你的产品进行减肥，在设计以减肥为目的的诱导语言时，必须围绕着减肥进行。你可以暗示客户说："想象一下，使用了这个产品后，你的身材越来越好了，再也不用担心那些热量很高的食物了，你会达到自己想要的体重……"

要想实现诱导的特有效果，必须让设计的说服语言指向一个明确的目的，不可没有目的或是目的不够单一地去进行说服活动。

2. 语气一定要带有诱惑性

同样的语言，在一流的销售人员口中会带给人强大的暗示和指引作用，而让普通人说出来却显得毫无价值。销售人员的目的在于引导客户进入说服中，并且可以毫无防备地接受销售人员施加给他的各种语言暗示，因此如何让这些有价值的引导语言完全进入人的意识中，就需要一定的专业经验的积累。

如果在说服中，销售人员依然使用和平常一样的腔调，甚至依然采用命令性的语气，可能会丧失客户的信任和好感。此时销售人员的语气要轻柔且让人感觉到像是一种来自遥远的引导指令，让人们自然而然地接受这些指令。

3. 诱导用词要适当

在诱导进入说服的过程中，销售人员要注意运用合适的时间词，要让这些代表时间的词或短语可以引起客户的注意力。如："在决定拥有这件产品之前，你真的想感受一下它的功效吗？"这句话让客户将注意力引导到是否要感受产品功效，而且还假设他会试用这件产品。"在你完成这项计划前，我想和你讨论点东西。"这句话假设了客户将会完成这项计划。销售人员恰当地运用带有假设含义的语言，如："你打算多快做这个决定？"暗示了客户一定会做出决定；"你准备什么时候开始更进一步合作？"暗示了客户已经处在合作状态，同时客户还要继续合作下去。

对于一些带有否定色彩的词语，销售人员在运用的时候也要根据实际情况酌情使用。如："在你没有做好充分准备前，不要轻易购买"，其实暗示了客户一定会购买。这种恰如其分的暗示，会让客户对你更信任。

说服语言的运用不是简单地把话说出来就完事了，需要有一定的技巧。也许，在销售人员试图说服客户的时候，说了一大堆的好话都没起作用，而一句一针见血、抓住要害的简单话语则可能收获难以预想的效果，这就在于合适的话语可以带给客户不一般的体验，引起其心灵上的共鸣。

总之，利用语言诱导对客户进行暗示和说服，必须在实践中融会贯通，灵活运用。销售人员只有把握住分寸和尺度，才能达到自己想要的效果。

## 对客户进行心理暗示

相信很多人都听说过心理暗示方面的话题，那么怎样把它具体应用到销售中呢？利用心理暗示进行说服究竟有什么样的魔力呢？在解释这一切之前，不妨先做一个小实验。

下面是一组句子，无论其内容是否真实，请把它读完。

（1）脑白金是最棒的礼品。

（2）脑白金真的很棒。

（3）大家都说脑白金很棒。

（4）巷子口的小摊贩都说脑白金很棒。

（5）昨天有位小姐跟我说脑白金很棒。

（6）听说报纸今天又报道脑白金很棒。

（7）昨天电视新闻好像讲到脑白金很棒。

（8）你听过脑白金是一种很棒的产品吗？

怎么样，现在你相信脑白金是很棒的产品了吗？如果还不相信也没关系，生产厂家可以继续用800种方法来告诉你“脑白金最棒了”。如果你还不相信，他们可以重复800次，直到你相信为止。“今年过节不收礼，收礼还收脑白金”，电视上、报纸上铺天盖地的广告就是一个明证。这种方式，实际上就是隐秘说服在销售中的一种应用。通过不断地说明、宣传，用尽各种表达方式与不同的角度，只为让消费者真正相信这件事情。

谎言重复千遍就是真理，不断重复是最直接的一种说服技巧。历史上曾参杀人的故事，就很能说明这个问题。

曾参是古代一位君子，学问好，人品也好，以孝顺闻名天下。

有一天，曾参出门办事，他的母亲正在家织布，忽然有个人跑来对她说："曾参杀人了！"曾参的母亲很相信儿子，于是摇头笑道："不可能的，曾参不会杀人的。"

过了一会儿，又有一个人跑来对曾母说："不好了，曾参杀人了！"

曾母心里一惊，不过嘴上还是说："不可能的，曾参是不会杀人的。"

话虽如此，可连续两个人这样说，让她已经开始有些怀疑。虽然她还是相信曾参，但是她已经没有心思织布了，开始等待曾参回家。

不一会儿，又有人进来了，这次是曾参的邻居。她很急地对曾母说："曾参真的杀人了！已经被官府抓起来，据说现在正在审理，你快点想办法吧。"

曾母这才真的相信曾参杀人了，由于怕受连累，正准备逃走。这时候曾参却突然回家了，把曾母吓了一跳，非常惊讶地问："孩子，你不是因为杀人被抓起来了？怎么现在又回来了呢？难道你杀的是坏人所以不用偿命吗？"

曾参听了，哈哈大笑说："我怎么会杀人呢？只是那个凶手刚好和我同名同姓罢了。"

你看，错误的信息说三次就会被认为是事实，更何况把“送礼就送脑白金”重复800次，是不是可以成为真理，这也就是所谓的“众口铄金，积毁销骨”。

在具体的销售过程中，销售人员也可以利用心理暗示，提高客户从众心理的表达度，从而说服他们做出最终的购买决定。

## 引导客户说“是”

销售人员在对客户进行说服时，最怕对方一开口就说“不”，这是最不容易克服的障碍。

每个人都有自己的观点和立场，人们从潜意识里就不愿意被别人说服。当一个人发现有人试图说服他时，他第一个反应就是表示反对，好像只有对别人说“不”，才能显示自己的存在，才能突出自己的地位和重要。

当一个人说出“不”字后，为了自己的面子和尊严，他就不得不坚持到底。事后，他或许觉得自己说出这个“不”字是错误的，可是，他必须考虑到自己的面子和尊严。

销售人员要想成功地说服客户，在刚开始的时候，就要想办法得到很多“是”的反应，唯有如此，才能将客户引向你希望的方向。

希腊大哲学家苏格拉底是个风趣的“老顽童”，他一向光脚不穿鞋。40岁时，他已经秃顶了，却跟一个19岁的女子结了婚。直到今天，苏格拉底还被尊为有史以来最能影响世界的劝导者之一。

“苏格拉底辩论法”，就是让对方不停地说“是、是”。苏格拉底提出的问题，都是他的反对者愿意接受并且同意的。他连续不断地获得对方的同意、承认，直至最后使反对者在不知不觉中接受了在数分钟前自己还坚决否认的结论。

在大多数时候，人们喜欢通过争辩来说服一个人。但是，争辩的结果是，任凭你争得面红耳赤，往往只会激怒对方，却不能说服他。事实上，争辩不是个好办法。要说服对方，首先就是要避免争辩。林肯无疑深谙此道，他往往能很轻易地说服对手。他的办法是：在我们开始辩论的时候，首先要找出一个对方赞成的共同立场，这就是获得胜利最好的方法。

这里还有一个推销员爱力逊自述的故事。

在我负责的推销区域内，住着一位有钱的大企业家。我们公司极想卖给他一批货物，过去那位推销员几乎花了10年时间，却始终没有谈成一笔交易。我接管这一地区后，花了3年时间去说服他，可是，也没有什么结果。

经过不断地访问和会谈后，对方只买了几台发动机，可是我希望以后他会买几百台发动机。

发动机会不会发生故障？我知道这些发动机是不会有任何故障的。过了些时候，我去拜访他。我原来心里很高兴，可是我似乎是高兴得太早了点，那位负责的工程师见到我就说："爱力逊，我们不能再买你的发动机了。"

我心头一震，就问："什么原因？难道我们的发动机有什么问题吗？"

那位工程师说："你卖给我们的发动机太热，热得我的手都不能放在上面。"

很显然，他是在找借口，还是不想买我们的发动机。只要有一点常识的人都知道：要将手放在正在运行的发动机上，根本就是不可能的。

我知道如果跟他争辩，不会有任何好处的，过去就有这样的情形，现在，我想运用让他说出"是"字的办法。

我向那位工程师说："史密斯先生，你所说的我完全同意，如果发动机发热过高，我希望你就别买了。你所需要的发动机，当然不希望它的热度超出电工协会所定的标准，是不是？"他完全同意，我获得他第一个"是"字。

我又说："电工协会规定，一架标准的发动机，可以较室内温度高出60℃，是不是？"

他说："是的，可是你的发动机却比这温度高。"

我没和他争辩，我只问："工厂温度是多少？"

他想了想，说："嗯！大约30℃。"

我说："这就是了。工厂温度30℃，再加上60℃，一共是90℃。如果你把手放在90℃的物体上，是不是会把手烫伤？"

他还是说："是"。

我向他提出一个建议："史密斯先生，你别用手碰那架发动机，不就行了！"

他接受了这个建议，说："我想你说得对。"

我们谈了一阵后，他把秘书叫来，为下个月订了差不多3万元的货物。

爱力逊说自己费了多年的时间，最后才知道与客户争辩并不是一个聪明的办法，而应该充分了解对方的想法，设法让对方回答"是"，那才是一套成功的办法。

## 为客户描绘一个美妙的意境

销售人员对客户的说服必须要为客户营造出一种适当的气氛和意境，通过全方位的感受来影响客户做出购买的决定。

销售人员怎样才能够激发客户的想象，让他们得到拥有这种产品之后的美妙感受呢？有两种方式：第一种是上面说的让客户亲自体验一下；第二种是通过语言描绘出客户拥有了这种产品后的情景，让其产生拥有这种产品之后的美好感觉。

当然，在说这些话的时候，要尽可能地压低声音，减慢语速。另外，销售人员说服对方时还要有充分的信心，让他们感到你在这个方面是最权威的。这样，他们就会相信你所讲的每一句话。

例如，你要是销售跑步机的话，你可以这样说："当您早上起床，穿上运动鞋和休闲装，打开窗户，深呼吸一口清新的空气，明媚的阳光照在身上，然后您踏上跑步机，轻松舒畅地开始跑步。您的速度由慢到快，当您轻微有些出汗时，它会提醒您时间到了，然后您开始梳洗整齐，穿上刚刚熨烫过的职业装，信心百倍、神清气爽地走出家门，开始一天的工作。"

这种方法也可以用来介绍产品的功能。例如，你是打印机销售人员，你可以目光温和地直视着你的客户，缓缓地说："如果家里有这样一台多功能打印机，会给你带来无穷的乐趣和便利。客户打电话过来需要发传真，不必去找传真机，你只需轻轻按下接收传真的按键；如果你需要把一些重要的图片放在电脑里，不用去找扫描仪，只需把图片放好，按一下扫描的按键，资料就会输入你的电脑；如果你需要的资料很多，也不必到外面去复印，自己就可以做；另外，你还可以利用它制作自己喜欢的各种照片，形象逼真，会让你爱不释手。"

相信客户在听了你生动形象的描述后，肯定会动心的。这种绘声绘色的描述其实比干巴巴的介绍要管用许多倍。因为这样可以让客户感觉到拥有这个东西之后的幸福和快乐。做到了这一点，你就成功了一半。

# 第七章
# 看透客户心理弱点

俗话说："知己知彼，百战不殆。"推销员在推销过程中，充分了解客户的购买心理，是促成生意成交的重要因素。只有充分了解顾客的心理，推销员才会有的放矢，才能与客户沟通得更加融洽，最后促成交易。

## 掌握顾客的消费心理

俗话说："知己知彼，百战不殆。"推销员在推销过程中，充分了解客户的购买心理，是促成生意成交的重要因素。

顾客在成交过程中会产生一系列复杂、微妙的心理活动，包括对商品成交的数量、价格等问题的一些想法及如何与你成交、如何付款、订立什么样的支付条件等。顾客的心理对成交的数量甚至交易的成败，都有至关重要的影响。因此，优秀的推销员都懂得对顾客的心理予以高度重视。

归纳起来，顾客的消费心理主要有以下几种：

1. 求实心理

这是顾客普遍存在的心理动机。他们购物时，首先要求商品必须具备实际的使用价值，讲究实用。有这种动机的顾客，在选购商品时，特别重视商品的质量效用，追求朴实大方、经久耐用，而不过分强调外形的新颖、美观、色调、线条及商品的“个性”特点，故在挑选商品时认真、仔细。

2. 求美心理

爱美之心，人皆有之。有求美心理的人，喜欢追求商品的欣赏价值和艺术价值，以中青年妇女和文艺界人士中较为多见，在经济发达国家的顾客中也较为普遍。他们在挑选商品时，特别注重商品本身的造型美、色彩美，注重商品对人体的美化作用、对环境的装饰作用，以便达到艺术欣赏和精神享受的目的。

3. 求新心理

有的顾客购买物品注重“时髦”和“奇特”，好赶“潮流”。以经济条件较好的城市中的年轻男女较为多见，在西方国家的一些顾客身上也常见。

4. 求利心理

这是一种“少花钱多办事”的心理动机，其核心是“廉价”。有求利心理的顾客，在选购商品时，往往要对同类商品之间的价格差异进行仔细的比较，还喜欢选购折价或处理商品。具有这种心理动机的人以经济收入较低者为多。当然，也有经济收入较高而把节约当成习惯的人，他们精打细算，尽量少花钱。有些希望从购买商品中得到较多利益的顾客，对商品的花色、质量很满意，爱不释手，但由于价格较贵，一时下不了购买的决心，便讨价还价。

5. 求名心理

这是以一种显示自己的地位和威望为主要目的的购买心理。他们多选购名牌，以此来“炫耀自己”。具有这种心理的人，普遍存在于社会的各阶层，尤其是在现代社会中，由于名牌效应的影响，吃穿住行使用名牌，不仅提高了生活质量，更是一个人社会地位的体现。

6. 仿效心理

这是一种从众式的购买动机，其核心是不落后或“胜过他人”。他们对社会风气和周围环境非常敏感，总想跟着潮流走。有这种心理的顾客，购买某种商品，往往不是由于急切的需要，而是为了赶上他人、超过他人，借以求得心理上的满足。

7. 偏好心理

这是一种以满足个人特殊爱好和情趣为目的的购买心理。有偏好心理动机的人，喜欢购买某一类型的商品。例如，有的人爱养花，有的人爱集邮，有的人爱摄影，有的人爱字画，等等。这种偏好性往往同某种专业、知识、生活情趣等有关。因而偏好性购买心理动机也往往比较理智，指向也比较稳定，具有经常性和持续性的特点。

8. 自尊心理

有这种心理的顾客，在购物时，既追求商品的使用价值，又追求精神方面的高雅。他们在购买之前，就希望他的购买行为受到推销员的欢迎和热情友好的接待。经常有这样的情况，有的顾客满怀希望地进商店购物，一见推销员的脸冷若冰霜，就转身而去，到别的商店去买。

9. 疑虑心理

这是一种瞻前顾后的购物心理动机，其核心是怕“上当”“吃亏”。他们在购物的过程中，对商品的质量、性能、功效持怀疑态度，怕不好使用，怕上当受骗，满脑子的疑虑。因此，反复向推销员询问，仔细地检查商品，并非常关心售后服务工作，直到心中的疑虑解除后，才肯掏钱购买。

10. 安全心理

有这种心理的人，他们对欲购的物品，要求必须能确保安全，尤其像食品、药品、洗涤用品、卫生用品、电器用品和交通工具等，不能出任何问题。因此，他们非常重视食品的保鲜期、药品有无副作用、洗涤用品有无化学反应、电器用具有无漏电现象等。在推销员解说、保证后，才能放心地购买。

11. 隐秘心理

有这种心理的人，购物时不愿为他人所知，常常采取“秘密行动”。他们一旦选中某件商品，而周围无旁人观看时，便迅速成交。

青年人购买和性有关的商品时常有这种情况。一些知名度很高的名人在购买高档商品时，也有类似情况。

## 读懂各年龄段顾客的心理

不同的年龄层顾客，购买心理也各异，销售员应该分而待之。

1. 女性顾客的消费心理

据新华社在2003年12月“女性消费”研讨会上公布的一项网上调查显示，女性在家庭消费中完全掌握支配权的占总数的51.6%，与家人协商的占44.5%，女性不做主的仅为3.9%。调查还显示，女性个人消费在家庭支出中占一半的比例高达53.8%，而且父母、子女、丈夫等家人的生活需求也大多由她们来安排。可见，女性顾客是消费者的主流，如果把握好这部分顾客，你的成交数额可想而知。

女性顾客的消费特征主要有以下体现：

第一，商品需求面较大。长期以来，性别分工合作的模式是“男主外、女主内”。女性负责家庭的日常生活问题，包括整个家庭所必需的商品，如柴、米、油、盐等；家庭成员所必需的商品，如衣物、鞋帽、书籍、学习用品等，甚至访亲送友的礼品，都是她们所关心和要购买的。

由于女性长期处于消费终端，所以女性的审美观影响着社会消费潮流。自古以来，女性的审美观就比男性更加敏锐。年轻女性的心境支配着流行，女性不仅自己爱美，还注意恋人、丈夫、儿女和居家的形象。商品的流行大多是随女性审美观的变化而变化的。

第二，购买前期要反复考虑。女性在购物之前一般要比男性想得多、想得全。她们想的问题方方面面，包括商品的实用性、价格、质量、品牌、售后服务等。一般来说，女性顾客在购买某一商品前都要经历以下几个阶段：

①确定购物目标。女性顾客在购物前肯定会仔细考虑买什么、买多少、买什么样的，经过一番构思定位，最后再确定目标。但有时女性顾客购物比较感性，也许有些商品不是她们的购物目标，但由于业务员的推销技巧或促销活动的吸引，有时她们也会突然消费。

②征求他人意见。女性顾客在做决定时大多会比较犹豫，如果她们想买什么，要先向朋友、亲戚征求一下意见。

③制订大致预算。也许是由于女性天生的细心，她们在购物前都会考虑一下自己的财力，以决定买什么价位的商品。所以在女性顾客购物时，一般不会发生钱没带够等现象。

④考虑消费后的情况。女性顾客在购物前一般考虑得比较周到，她们会想到把商品买回来后应该怎么用，甚至会考虑如何携带、如何摆放等问题，所以她们购物时会很强调实用性。

⑤大量咨询信息。购物时要“货比三家”，这个购物原则在女性顾客身上体现得淋漓尽致。她们在购买前会大量咨询同类型产品的信息，包括质量、功能、价位等，所以业务员在与女性顾客打交道时会发现她们有时对专业知识也特别了解。

第三，购物时横挑竖选。女性在购物时比男性敢转、敢看、敢触、敢试、敢侃、敢买、敢退。“横挑鼻子竖挑眼，不达目的不罢休”是多数人的心态。女性顾客在购买过程中一般会历经以下几个过程：

①确定对象。在经历过大量的信息咨询后，女性顾客一般会选择一个购物对象进行购买。但不要认为她们就会认定你这一家，如果在接触中她们发现另外一家更好，那肯定会马上离去。

②产生冲动。经过业务员的介绍和自己的比较，女性顾客如果还没离去的话，那就证明她们已经有意购买了。产生冲动的原因不外乎三种：

符合目标。经过考察和初步接触，产品的质量、功能、价格等符合顾客的预定期望。

受人引导。在购买过程中业务员或同行人的劝说也有可能使顾客产生冲动。

促销活动的吸引。也许商品不是顾客的目标，但优惠的价格等会使她们产生冲动。

③反复挑选。冲动的同时或过后，便进入了挑选商品阶段。不符合购买者需求的，即使购买者喜爱也不会成交。挑选商品，

女性一般会比较仔细，她们对商品的方方面面都会关注到。业务员若催促她们“快点试、快点定”，会引起女性的反感；如果说“没关系，您慢慢看，慢慢试”，反而促使女性加快挑选的速度。

第四，确定商品。如果上述几个过程进行得比较顺利的话，这时顾客就会确定购买与否了。但有时女性顾客常常犹豫不决，她们会显得不太自信，不知自己的决定是否正确。

一般的女性顾客都会十分关注售后服务，她们希望自己的消费能够得到保障。

接待女性顾客应该把握以下原则：

①主动介绍。接待女性顾客应该着重介绍商品的质量和售后服务，多说优点，有时也不妨用货源紧缺和赞许已购者“有眼力”来促使成交。

②要有耐心。女性顾客在购物时会比较细心，这时业务员只需要静静地耐心等待就可以了。

③给些建议。女性顾客在购物时希望得到他人的建议，在接待女性顾客时多给对方一些较为专业的建议会很好地促使顾客做决定。

④适当赞美。每个人都希望得到赞美，女性顾客更是这样。但赞美要以事实为依据，否则会弄巧成拙。

⑤提供帮助。如果在购物后业务员主动提供一些帮助，如送货等，这会在女性顾客的心里留下极深的印象。

2. 男性顾客的消费心理

我国20岁以上的男性约有3亿，而且在大部分组织里，有决定权的大多是男性。相对女性顾客来说，男性顾客的消费心理相对简单。

男性顾客的消费特征主要体现在以下几个方面：

第一，消费金额相对较大。相对于女性顾客，男性顾客的购买能力要强一些。从社会角度讲，在大多数组织里，男性领导的数量明显多于女性，所以在一些数额较大的消费上，一般是男性在做决定。

第二，消费理性化。对男性顾客影响最大的购物因素是自身的需求和产品的性能。

第三，消费过程比较独立。由于男性的自尊心比较强，所以他们一般不会受他人的影响。

第四，购买过程相对较快。男性顾客在购物过程中不太喜欢挑选，只需要稍加浏览，他们就会付款成交。

第五，购买后一般不会后悔。男性顾客在消费后一般不会否定自己的选择，所以要求退换货的男性顾客相对较少。

接待男性顾客时一般需要注意以下几点：

①建议合理化。在与男性顾客打交道时，尽量不要太啰唆，说得太多会引起他们的反感。

②服务温情化。男性顾客在购物时要求不会很多，但在他们的内心还是希望得到温情的服务。如果忽略了这一点，即使他买

了你的产品，也不会成为你的忠实顾客。

③售后主动化。男性顾客一般不会花太多时间去了解市场行情，如果你经常打电话给老顾客，向他介绍一些新产品或促销活动，他也许会成为你的忠实顾客。

3. 青年的消费心理

青年人的消费，受其内在的心理因素支配，同其他消费群体相比，具有鲜明的心理特征。青年在整体的顾客群中所占比例比较大，消费能力也正在逐渐提升。具体来说，现代青年的消费心理主要有以下几方面的体现：

第一，追求新颖与时尚。青年人思维活跃、热情奔放、富于幻想，容易接受新事物，喜欢猎奇。反映在消费心理和消费行为方面，表现为追求新颖与时尚、追求美的享受，喜欢代表潮流和富于时代精神的商品。

第二，崇尚品牌与名牌。青年人特别注重商品的品牌与档次。在他们看来，名牌是信心的基石、高贵的象征、地位的介绍信、成功的通行证，追求名牌要的就是这种感觉。因而，青年在购物时，虽然也要求产品性能好、价格要适中等，但对商品的品牌要求越来越高。

第三，突出个性与自我。青年人处于少年不成熟阶段向中年成熟阶段的过渡时期，自我意识明显增强。他们追求独立自主，力图在一举一动中都能突出自我，表现出自己独特的个性。这一心理特征表现在消费心理和消费行为方面，则是青年人消费倾向由不稳定向稳定过渡，对商品的品质要求提高，尤其要求商品有特色、上档次、有个性，而对那些一般化的、“老面孔”的商品不感兴趣。

第四，注重情感与直觉。青年人的情感丰富、强烈，同时又是不稳定的。他们虽然已有较强的思维能力、决策能力，但由于思想感情、志趣爱好等还不太稳定，波动性大，易受客观环境、社会信息的影响，容易冲动。这些反映在消费心理和消费行为方面，青年人的消费行为受情感和直觉的因素影响较大，只要直觉告诉他们商品是好的，可以满足其个人需要，他们就会产生积极的情感，迅速做出购买决策，实施购买行为。

赢得青年，就赢得未来，这在商战中同样适用。在市场竞争中，谁能抓住青年消费群体，谁就占有更多的市场份额，就能在市场竞争中赢得优势。青年人消费行为中所表现出的鲜明的消费心理特征，为工商企业有效地组织生产与推销产品提供了重要依据。

第五，力主创新。随着科学技术的迅速发展和人民生活水平的不断提高，商品使用寿命相对缩短。在这种情况下，企业必须树立创新意识，把创新作为市场上克敌制胜、吸引需求和挖掘潜在需求的有力武器，不断满足青年消费者追求新颖与时尚的心理需求。

第六，争创名牌。通常而言，名牌产品能争取到一个比较有优势的价位，在相同价位上会比它的竞争对手卖得出、卖得多、卖得快。有些商品能以高出同类商品好多倍的价格出售，就是靠着名牌，而青年人所追求的也正是这种效果。

第七，突出个性。目前，在商品市场中颇为流行的定制消费，是青年消费个性化的突出表现，也是企业依据青年消费特点做出的反应。

第八，攻心为上。古语云，“攻心为上”，这句话同样适用于商战。企业与消费者之间，需要一种人际感情的交流。感情是一种巨大的力量，如果能通过感情传递、感情交流、感情培养，令青年消费者产生心灵上的共鸣，那么企业的产品、品牌就容易为青年人所理解、喜爱和接受。因此，企业要善于发掘自身产品内在所包含的感情，并通过产品设计、包装、广告淋漓尽致地展示这些，在以质取胜的同时，更以情动人。正如美国心理学家弗兰西克·罗里所言：“消费者是人，而人是有感情的。”

4. 老年人的消费心理

据统计部门的估计，在今后50年里，中国60岁以上人口的总量将急剧增加。到2025年我国老年人口占总人口的数量将达到18.5%，到2050年我国老年人口占总人口的数量的比值将处于最高峰值，达到25.2%。随着我国老年人口数量和比重的大幅度提高，老年市场将成为众多市场中一个极具魅力、潜力巨大的市场。把握好老年人这一消费主力，是每个商家的必修课。一般来说，老年人的消费心理可以从他们的特定需求看出。

第一，健康需求。人到老年，常有恐老、怕病、惧死的心理，希望社会对老年人的健康能有所保证。

第二，工作需求。离退休、病休的老年人多数尚有工作能力和学习要求，骤然间离开工作岗位肯定会产生许多想法。这样的老年人如果没有工作和学习的机会，将会影响他们的身心健康。

第三，依存需求。人到老年，会感到孤独，希望得到社会的关心、单位的照顾、子女的孝顺、朋友的往来、老伴的体贴，使他们感到老有所依、老有所靠。

第四，和睦需求。老年人都希望有个和睦的家庭和融洽的环境。不管家庭经济条件如何，只要年轻人尊敬、孝顺老人，家庭和睦，邻里关系融洽，互敬互爱，互帮互助，老年人就会感到温暖和幸福。

第五，安静需求。老年人一般都喜欢安静，怕吵怕乱。有时老年人就怕过星期天，因为这一天儿孙都来了，乱哄哄的一整天，很多老年人是受不了的，他们把这天称作“苦恼的星期天”。

第六，支配需求。由于进入老年，社会经济地位的变化，老年人的家庭地位、支配权都可能受到影响，这也能造成老年人的苦恼。

第七，尊敬需求。原来有地位的老年人离开工作岗位后，经历由官到民、由有权到无权的过程，会产生“人走茶凉”“官去命转”的悲观情绪。他们遇朋友就叹息，甚至不愿出门、不愿到单位去、不愿参加社会活动。长此下去，则会引起精神抑郁和消沉，为疾病播下种子。

第八，坦诚需求。老年人容易多疑、多忧、多虑，求稳怕乱，爱唠叨。他们喜欢别人征求他们的意见，愿出谋献计。我们对老年人这些心理特点，要以诚相待，说话切忌转弯抹角。

不同年龄段消费者因心理、生理、社会经历差异，形成不同的消费心理及消费倾向，分析不同年龄段的消费特点及消费倾向，对推销员会有很大帮助。

## 研究顾客的兴趣爱好

原一平准备去拜访一家企业的老板，由于各种原因，他用尽各式各样的方法，都无法见到他要找的人。

有一天，原一平终于找到灵感。他看到附近杂货店的伙计从老板公馆的另一道门走了出来。原一平灵机一动立刻朝那个伙计走去。

“小二哥，你好！前几天，我跟你的老板聊得好开心，今天我有事请教你。”

“请问你老板公馆的衣服都由哪一家洗衣店洗呢？”

“从我们杂货店门前走过去，有一个上坡路段，走过上坡路，左边那一家洗衣店就是了。”

“谢谢你。另外，你知道洗衣店几天会来收一次衣服吗？”

“这个我不太清楚，三四天吧。”

“非常感谢你，祝你好运。”

原一平顺利从洗衣店店主口中得到了老板西装的布料、颜色、式样的资料。

西装店的店主对他说：“原先生，你实在太有眼光了，你知道企业名人某某老板吗？他是我们的老主顾，你所选的西装，花色与式样，与他的一模一样。”

原一平假装很惊讶地说：“有这回事吗？真是凑巧。”

店主主动提到企业老板的名字，说到老板的西装、领带、皮鞋，还进一步谈到他的谈吐与嗜好。

有一天，机会终于来了，原一平穿上那套西装并打了一条适合搭配的领带，从容地站在老板前面。

如原一平所料，他大吃一惊，一脸惊讶，接着恍然大悟地笑起来。

后来，这位老板成了原一平的客户。

原一平告诉我们，接近准客户最好的方法就是投其所好。培养与准客户一样的爱好或兴趣。当准客户注意你时，就会有进一步了解你的欲望。

推销员看到一个小孩蹦蹦跳跳，东摸西抓，片刻不停，也许会心中生厌。但一名推销高手，却对他母亲说：“这孩子真是活泼可爱！”

孩子是父母心中的“小太阳”，看到孩子，不论长相，也不管可爱与否，推销员应该说的是："噢！好可爱的孩子！几岁了……"这样一定能打开对方的话匣子，把小宝宝可爱聪明的故事说上一大堆。这种和谐的气氛自然能"融化"她的借口，顺利推销你的商品。

小孩、宠物、花卉、书画、嗜好等都可以缩短双方的距离，顾客的喜好是多种多样的，推销员要广泛搜集并进行研究，掌握其要点，以便对话时有共同语言。了解顾客的喜好对推销的成功具有推波助澜的作用，推销员必须善于利用。

优秀的推销员其实也是个讲故事的高手，因为在推销的语言技巧中要运用讲故事的地方实在太多了。小故事在推销的语言技巧、反对被客户拒绝的语言技巧中使用的比例高得惊人。引用小故事、成语或寓言也有几项简单的要领，内容精彩固然重要，但要客户听得入神可就要看推销员的本领了。

推销员引用的小故事内容：一要让客户略感恐怖；二要让客户觉得幽默。前者可以让客户产生"不买的话会有何后果"的恐惧，后者则让客户产生"买了的话可享受某种乐趣"的快乐。

在推销员与客户接近阶段引用小故事时应采用具有幽默效果的比较适宜，在被拒绝处理阶段则视客户拒绝的态度来决定，至于促成阶段则较适合使用具有恐怖效果的小故事。

讲小故事时最好是突然引用。这是推销员引用小故事的诀窍，就是说，不需要做预告，单刀直入地讲就可以了。因为当客户一听到"有个故事是这样的……"往往会认为那只是个故事，和自己没有关系。

讲小故事还要会随时插入。引用小故事不见得非得在客户提出拒绝后，其引用的主要目的是为了提高客户的购买意愿，所以在任何一个阶段随时都可以来上一段故事。客户拒绝时一定要有相应的故事做缓冲，因此，平时应多准备一些小故事。

## 一语切中客户的要害

现代营销学认为：销售就是服务，创造客户价值。但很多销售人员关注自己、自己的品牌、服务等太多，而对客户的需求偏好、期望值、价值观等却关注太少。

以推销牛奶为例，常常出现这种场景：

推销员："您好，我们又推出了一款新牛奶，有……特点，您看您需要吗？"

客户："不需要。"

推销员："但是我们的牛奶确实很棒……"

客户："这跟我有什么关系呢？我从来不喝牛奶，可我活得很好！"

推销员："……"

在这里，推销员根本没有考虑客户的需求，完全是无的放矢。所以，客户几句话就把他打发了，这是很失败的推销。

如果使用下面的方法，就能容易被客户接受：

推销员观察客户一段时间，发现客户腿脚不利索，就此判断是因缺钙造成的。于是，推销员找准合适的地点，比如上楼时，对客户说："您当心点，看您很累，我来搀您上去。"

客户："谢谢你了，老了，腿脚不好了。"

推销员："怎么能这么说呢，您还要再享几十年福呢，上点年纪的人钙流失得快，要注意补钙，这样腿脚才利索。"

客户："可不是吗？不过吃钙片补充效果不是很好。"

推销员："喝奶效果不错，因为人绝大多数营养都是从饮食中获得的。阿姨，您看这样，我们刚好有低脂高钙的鲜奶，您喝喝试试。"

客户："听起来确实很好，那我就试试看。"

这位推销员之所以能成功说服客户，就在于他发现了"客户缺钙"这个要害，从而以此为切入点，找到了客户的潜在需求。

所以说，销售人员要找到客户的需求点、找到客户的弱点与软肋进行重点突破，并及时满足客户。把销售的理由变成客户需要购买的理由，由销售人员"我要卖"转变为客户"我要买"。以客户为中心，以需求为导向，切中客户的要害，才是说服的关键所在。

再看下面这个小故事。

一对老夫妇来看房子，当销售人员把他们领进房间后，看到房间里的地板已经很破旧并变得凹凸不平，但当他们走到阳台上看到院子里有一棵茂盛的樱桃树时，两位老人立刻变得很愉快。

老妇人对销售人员说：“你这房子太破旧了，你看地板都坏了。”

销售人员看到了他们对樱桃树的喜爱，就说：“这些我们都可以给你们换成新的，最重要的是院里的这棵樱桃树，一定会使你们的生活更加安详舒适。”说着销售人员把老人的目光引向屋外的樱桃树，老人一看到樱桃树马上变得高兴起来。

当他们走进厨房时，看到厨房的设备很多已经生锈。还没等客户抱怨，销售人员就说：“这也没有关系，我们会全部换成新的，同时，最重要的是院里的这棵樱桃树，会让你们喜欢这里的。”当销售人员提到樱桃树时，客户的眼睛立刻闪出愉悦的光芒。“樱桃树”就是客户买下这所房子的“关键点”。

在上面这个小故事中，销售人员通过观察客户的表情变化，敏锐地发现客户的潜意识中对樱桃树的喜爱。他能够迅速抓住这一点，因势利导，对客户进行种种暗示，给了客户一个购买的理由，从而及时发现、唤起甚至创造客户内心对于产品和服务的需要，恰到好处地对其进行说服，结果取得了成功。

## 赢得顾客的心就能赚钱

人都是有感情的，如果你能用自己的关怀赢得顾客的心，让对方把你当作自己的朋友，做起生意来自然会财源广进。

在泰国，有一家华人经营的东方饭店几乎天天客满，不提前一个月预订是很难有入住机会的，而且客人大都来自西方发达国家。泰国在亚洲算不上特别发达，但为什么会有如此诱人的饭店呢？大家往往会以为泰国是一个旅游国家，而且又有世界上独有的人妖表演，是不是他们在这方面下了功夫。错了，他们靠的是真功夫，是非同寻常的客户服务，是依靠赢得顾客的心来赚大钱。

约克先生是一位美国公民，他因公务曾经常出差去泰国，并下榻在东方饭店。第一次入住时饭店良好的环境和服务就给他留下了深刻的印象，当他第二次入住时几个细节更使他对饭店的好感迅速升级。

那天早上，在他走出房门准备去餐厅的时候，楼层服务生恭敬地问道："约克先生是要用早餐吗？"约克先生很奇怪，反问"你怎么知道我的名字？"服务生说："我们饭店规定，晚上要背熟所有客人的姓名。"这令约克先生大吃一惊，因为他频繁往返于世界各地，入住过无数高级酒店，但这种情况还是第一次碰到。

约克先生高兴地乘电梯到餐厅所在的楼层，刚刚走出电梯门，餐厅的服务生就说："约克先生，里面请。"约克先生更加疑惑，因为服务生并没有看到他的房卡，就问："你也知道我的名字？"服务生答："上面的电话刚刚下来，说您已经下楼了。”如此高的效率让约克先生再次大吃一惊。

约克先生刚走进餐厅，服务小姐微笑着问：“约克先生还要老位子吗？”约克先生的惊讶再次升级，心想：“尽管我不是第一次在这里吃饭，但最近的一次也有一年多了，难道这里的服务小姐记忆力那么好？”看到约克先生惊讶的目光，服务小姐主动解释说：“我刚刚查过电脑记录，您在去年的6月8日在靠近第二个窗口的位子上用过早餐。”约克先生听后兴奋地说：“老位子！老位子！”小姐接着问：“老菜单？一个三明治，一杯咖啡，一个鸡蛋？”现在约克先生已经不再惊讶了：“老菜单，就要老菜单！”约克先生已经兴奋到了极点。

上餐时餐厅赠送了约克先生一碟小菜，由于这种小菜约克先生是第一次看到，就问：“这是什么？”服务生后退两步说：“这是我们特有的小菜。”服务生为什么要先后退两步呢，他是怕自己说话时口水不小心落在客人的食物上。这种细致的服务不要说在一般的酒店，就是在美国最好的饭店，约克先生都没有见过。这一次早餐给约克先生留下了终生难忘的印象。

后来，由于业务调整的原因，约克先生有三年的时间没有再到泰国去，在约克先生生日的时候突然收到了一封东方饭店发来的生日贺卡，里面还附了一封短信，内容是：“亲爱的约克先生，您已经有三年没有来我们这里了，我们全体人员都非常想念您，希望能再次见到您。今天是您的生日，祝您生日愉快。”约克先生当时激动得热泪盈眶，发誓如果再去泰国，绝对不会到任何其他的饭店，一定要住在东方饭店，而且要说服所有的朋友也像他一样选择。约克先生看了一下信封，上面贴着一枚六元的邮票。六元钱就这样买到了一颗心。

当你用富有人情味的服务与客户交流的时候，会让对方从心里对你产生认同感。在这种情况下，生意上的事自然就十分顺利了。

# 第八章 把话说到客户心窝里

没有卖不出去的产品，只有不会推销的销售员！正所谓“买卖不成话不到，话语一到卖三俏”。说好每句话，把话说到客户心窝里，把任何东西卖给任何人。

## 真诚地赞美客户

杰克刚刚进入推销行业不久，还是一个处于学习阶段的学生。

一天，一位推销行业的前辈带他去上门推销，希望他能够在实际工作中尽快地学到一些经验。

杰克十分崇拜这位前辈，对前辈的一言一行也都仔细观察、用心记忆。一天，他发现前辈一见到约见的客户，就笑容满面地说：“我听说您最近又做了不少善事，真是心地善良的人啊，那些穷苦的人能够遇见您，真是他们的一种幸运。”

本来是一脸严肃的客户听见这句话，立即喜笑颜开地说：“哪里哪里，这是应该的。”

于是，下面洽谈的气氛变得融洽许多，遭到拒绝几次的生意现在也谈成了。杰克仔细分析，认为是前辈的那句赞扬的话起到了关键的作用，于是勤奋好学的他将这句话记到了本子上。

老师终于同意让杰克独立去完成任务了。他的第一个客户是一个玩具商，在见到这位客户之前，杰克做了大量的准备，包括如何将寒暄引入正题、如何说服客户。在自认为准备得十分充分之后，他敲响了玩具商的门。

杰克见到玩具商一脸严肃，决定先缓和一下气氛，于是他故作兴奋地说：“我听说您最近又做了不少善事，真是心地善良的人啊，那些穷苦的人能够遇见您，真是他们的一种幸运。”

玩具商听了这些赞扬后目瞪口呆，心想：“我最近根本没做任何善事，这位推销员肯定是记错人了，我不能允许一个不重视我的人在我的办公室里。”于是玩具商说：“先生，恐怕你是认错人了，我很忙，请回吧！”

就这样，杰克还没有开口谈正事，就被拒绝了。

这说明了一个道理：赞美一定要建立在真实的基础之上。尽管人人都希望被赞美，但当赞美一些不符合现实的东西时，被赞美的人往往会产生“他说的是我吗”的想法，同时，也会得出“这是一个虚伪的人，他所说的话不值得信任，他的商品更不值得信任”的结论。一旦客户得出这样的结论，那么销售人员再如何能言善道，也都将是徒劳。

用赞美架通桥梁，让客户产生优越感。赞美别人也是一种美德，但最好不要说违心话。当你认为这样赞美最恰当时，那就赞美他几句，这就是所谓的极好的赞美时机。只要你的赞美有根据、发自内心，对方的自尊心被你所承认，那他一定会非常高兴。

有些销售人员可能会在夸奖内容方面有些困难，会有“我到底该赞美他哪一个方面呢”等这类问题。

经过分类，进行有效夸奖的手法有三种：

（1）夸奖对方所做的事。如：“您发表了很多销售管理方面的文章，我都拜读过，真是我们销售员的圣经。”

（2）夸奖后紧接着询问。如：“您真是又漂亮又时尚，您看这台笔记本又轻又薄，非常适合您的形象和气质。”

（3）代表第三者表达夸奖之意。如：“我们总经理要我感谢您对本公司多年来的照顾。”

杰克的公司承包了一项建筑工程，预定于一个特定日期之前，在费城建立一幢庞大的办公大厦。一切都照原定计划进行得很顺利。在大厦接近完成阶段，突然，负责供应大厦内部装饰用的铜器承包商宣称，他无法如期交货。如果真是这样的话，整幢大厦都不能如期交工，公司将承受巨额罚金。

长途电话、争执、不愉快的会谈，全都没效果。于是杰克奉命前往纽约，当面说服铜器承包商。

“你知道吗？在布鲁克林区，有你这个姓名的，只有你一个人。”杰克走进那家公司董事长的办公室之后，立刻就这么说。

董事长有点吃惊，说：“不，我并不知道。”

“哦，”杰克说，“今天早上，我下了火车之后，就查阅电话簿找你的地址，在布鲁克林的电话簿上，有你这个姓的，只有你一人。”

“我一直不知道。”董事长说。他很有兴趣地查阅电话簿。“嗯，这是一个很不平常的姓，”他骄傲地说，“我这个家族从荷兰移居纽约，几乎有两百年了。”一连好几分钟，他继续说到他的家族及祖先。当他说完之后，杰克先生就恭维他拥有一家很大的工厂，杰克说他以前也拜访过许多同一性质的工厂，但跟他这家工厂比起来就差得太多了。“我从未见过这么干净整洁的铜器工厂。”杰克先生如此说。

“我花了一生的心血经营这个事业，”董事长说，“我对它感到十分骄傲。你愿不愿意到工厂各处去参观一下？”

在参观过程中，杰克恭维他的组织制度健全，并告诉他为什么他的工厂看起来比其他的竞争者高级，以及好处在什么地方。杰克还对一些不寻常的机器表示赞赏，这位董事长就宣称是他发明的。他花了不少时间向杰克说明那些机器如何操作，以及它们的工作效率多么良好。他坚持请杰克吃中饭。到这时为止，杰克一句话也没有提到此次访问的真正目的。

吃完中饭后，董事长说：“现在，我们谈谈正事吧。自然，我知道你这次来的目的。我没有想到我们的相会竟是如此愉快。你可以带着我的保证回到费城去，我保证你们所有的材料都将如期运到，即使其他的生意都会因此延误也不在乎。”

杰克甚至未开口要求，就得到了他想要的所有的东西。那些器材及时被运到，大厦就在契约期限届满的那一天完工了。

建立在真实基础之上的赞美才能够被人信服和接受。真实与否是区分真心赞美和阿谀奉承的关键，要想使你的赞美达到好的效果、不流于庸俗，就要谨记：真实的，才是人们喜欢的。世间万物都是如此。

## 会说的同时还要会听

会说话的人都是会听话的人。不想哇啦哇啦地说个不停，而懂得静静倾听的人是最会说话的人。

在日常交往中，要做到会听是相当困难的，不要说会听，有的人甚至连互相交谈的最基本原则都做不到。对方一开口，立刻打断对方，自己却长篇大论地讲个不停，等到对方感到不快索性不说了，他反而认为对方被自己说服了，因而得意扬扬，这样的人还真不少。通常自己的毛病是不太容易发现的。

日常会话是提高讲话水准的舞台。销售人员应留心别人对话中的一些坏毛病，使之成为警惕自己的好材料。

在和客户的谈话过程中，会听是很重要的一环，这是博得对方好感的一个秘诀。遗憾的是，不少销售人员急于推销商品，把客户讲的话都当成耳边风，而且总是迫不及待地在交谈中问问题或打断对方的话，或申述自己的观点。这些都是不恰当的。欲速则不达，如果想使交易成功，客户滔滔不绝地讲话时是成功到来的有利时机，你应该为此高兴，立刻提起精神来听，并不时兴趣盎然地说："后来呢？"以催促对方继续往下说，要用好像听得出了神的样子去倾听对方的谈话。

对于喜欢说话的客户，销售人员只要洗耳恭听，他就会笑容满面，高兴得不得了。在这种情况下，当对方关住话匣子时，紧接着很可能说："就这么决定了，我们签协议吧！"即使签不了合约，他也会很高兴地等待着您的下一次来访。

就一般的交谈内容而言，并非总是包含许多有用的信息。有时，一些普通的话题，对销售人员来说可能没有什么实际意义，但是客户的谈兴却很浓。这时，出于对客户的尊重，你应该保持足够的耐心，听客户说下去，切记不要流露出厌烦的神色。

专家统计结果显示，一个人的说话速度大致在每分钟120～180字之间，而人的大脑思维的反应速度却要快得多。所以在现实中销售人员往往会遇到这种情况，很可能客户还没有将话说完，或者客户只是说出了其中的几句话，你就已经知道了他的全部意思。那么这时，由于已经了解了对方的意图，所以思想也就随之放松了，这种细微的心理变化在你的外表上又往往会表现为一些心不在焉的下意识动作和神情，以至于对客户接下来的言语“充耳不闻”。而当客户突然问你一些问题和请教你的见解时，如果你一愣神，或者答非所问，客户就会感到十分难堪和不快，觉得自己是在“对牛弹琴”，从而就会对接下来双方的沟通工作产生不利的影响。

在与客户接触时，越是善于耐心倾听客户的意见，销售成功的可能性也就越大，因为聆听是褒奖客户谈话的一种方式。对于同一销售人员来说，听客户谈话应做到像自己谈话那样，始终保持饱满的热情与良好的精神状态，并时刻专心致志地注视着客户。当然，如果你确实觉得客户讲得淡而无味、浪费时间的话，可以巧妙地提一些你感兴趣的问题，以此转移对方的谈兴。但是要注意绝不能随意打断客户的话，应当让他心平气和地讲完，即使他的意见不是新的或不符合实际情况，也要听下去。

推销员：“先生，通过观察贵厂的情况，我发现你们自己维修所花的费用比请我们干还要多，是这样吗？”

客户：“我也认为我们自己干不太划算，我承认你们的服务不错，但你们毕竟缺乏电子方面的……”

推销员：“对不起，请允许我插一句……有一点我想说明一下，任何人都不是天才，修理汽车需要特殊的设备和材料，比如真空泵、钻孔机、曲轴……”

客户：“是的，不过，你误解了我的意思，我想说的是……”

推销员：“我明白您的意思。就算您的部下绝顶聪明，也不能在没有专用设备的条件下干出高水平的活来……”

客户：“但你还没有弄清我的意思，现在我们负责维修的伙计是……”

推销员：“现在等一下，先生，只等1分钟，我只说一句话，如果您认为……”

客户：“你现在可以走了。”

上述案例中，推销员几次打断客户的述说，这是推销中的一大禁忌。如果采用上述这种对话方式，推销根本没有成功的希望。

一个合格的销售人员懂得让客户充分地表达他们的异议，即使你知道他下一句要说什么，也不要试图去打断他。对客户要有礼貌，要认真听他说，并做出适当的反应，给予巧妙的而非狡诈、装腔作势的回答。没有一个客户喜欢那种自作聪明的销售人员，除非销售人员表现出对客户的话语及其观点感兴趣，否则他永远也不会赢得客户的好感与信任。

## 记住客户的名字

有一位美容店的老板说：“在我们店里，凡是第二次上门的，我们规定不能只说‘请进’，而要说：‘请进！小姐（太太）。’而且，只要来过一次，我们就存入档案，要全店人员必须记住她的尊姓大名。”如此重视客户的姓名，使客户感到备受尊重，走进店里颇有宾至如归之感。因此，老主顾越来越多，生意更加兴隆了。

安德鲁·卡耐基被人誉为钢铁大王，但他本人对钢铁生产方面的知识所知甚少，有几百名比他懂行的人在为他工作。他成功的原因是什么呢？是因为他知道怎样利用客户的名字来赢得客户的好感。比如，他想把钢轨出售给宾夕法尼亚铁路公司，当时，那家铁路公司的总裁是齐·埃德加·汤姆森，卡耐基就在匹兹堡造一座大型钢铁厂，并取名为“埃德加·汤姆森钢铁厂”。这样，当宾夕法尼亚铁路公司需要钢轨时，就只从卡耐基的那家钢铁厂购买。

在任何语言中，对任何一个人而言，最动听、最重要的字眼就是他的名字。

当你走在陌生人群中，突然听到有人呼唤你的名字，会有什么感受？兴奋！假如这个能叫出你名字的人是曾经向你推销过某种商品的人，这丝毫不影响你的愉快情绪，只能加深对他的印象。这种推销技巧被人们叫作“记名推销法则”。真心地向客户求教，是使客户认为在你心目中他是个重要人物的最好办法，既然你如此看得起他，他是不会不给你面子的。

罗斯福总统知道一种最简单、最明显、最重要的得到好感的方法，就是记住别人的名字，使人感到被重视。曾经发生过这样一件事：克莱斯勒公司为罗斯福制造了一辆汽车。当汽车送到白宫的时候，一位机械师也去了，并被介绍给罗斯福。这位机械师很怕羞，躲在人后没有同罗斯福讲话。罗斯福只听到他的名字一次，但当他们离开的时候，罗斯福找到这位机械师和他握手，并叫着他的名字，谢谢他到华盛顿来。机械师深受感动，他数年以后还经常提起这件事。

拿破仑三世（即拿破仑的侄子）曾自夸说，虽然他国事很忙，但他能记住每一个他见过的人的姓名。所以你要知道，记不住别人的名字，“忙”是最蹩脚的借口。

当然，记住客户的名字，并不是一件轻而易举的事，需要下一点功夫，还得有一套行之有效的方法。一般记住大量名字的方法，有如下几种：

1. 正视别人

现代社会里人际关系越来越疏远，甚至有些人还会认为正视别人是不礼貌的事。为了增进记忆人名的能力，必须克服这些感觉。当你正视对方时，对方会感到激动，因为正视对方表示对他很感兴趣，对方也将注意你。

2. 注意对方的特征

当把注意力集中在对方的面孔时，尽量找出有关的资料记忆。人有多方面的特征，有外形的特征，如眼睛特别大、胡子特别多、前额很突出……也有职业上的特征、名字上的特征等。把这些特征联系起来，记住名字就没有那么难了。要找出特殊之处，譬如“浓眉”“塌鼻子”“焦红的头发”或者有伤痕等。就像卡通或漫画最能将个人独特之处借简单的两三笔线条勾勒出来似的，假如能发展这种能力，对识人本领将有莫大的帮助。

3. 认真记忆

记住别人的名字有时相当困难。也许某人能在短时间之内注意10张面孔，却无法同时注意10个姓名。

在宴会中，主人总是匆匆忙忙地介绍每位客人，往往你还没来得及注意，介绍已经完了，这样便无法分析姓名及其特征。有时候只得请介绍者介绍得慢一点。若是可行的话，你不妨主动走到别人面前对他说："刚才介绍得太快了，我实在无法记住你的姓名。我叫××，你呢？"这样你就有机会记住对方的姓名，并且试着找出这个人的特点。

4. 特色记忆

找出姓名的特色可从下面三点考虑：

一是这个姓名是否与众不同或很有趣？

二是这个姓名是否很普通？

三是姓名和你所看到的面孔配不配？

最重要的是把注意力放在姓名上。假如你听到一个姓名后能够把它以句子的形式复述出来，对记忆将大有帮助。把注意力直接放在姓名上，并且把姓名和面孔进行比较，有助于把姓名和面孔联系在一起。

5. 多与客户接触

见面的次数多了，你想忘记都难了。

既然你并不是日理万机，那就不妨试试看，也许你想象不到记住客户的姓名对你征服人心有多么大的帮助。

被人记住姓名，可以满足人性的最基本需要——感觉自己重要，以及感受到自己被别人接受和尊重的程度。

记住姓名，是创造自己对别人影响力的一种手段。

据说俄罗斯邮政总局局长杰姆·弗雷有惊人的记忆人名的能力，他能记住4500多人的姓名，因此常常令人备觉亲切。虽然一般人不必表现出这种卓越的记忆力，但是一定要能叫出经常往来的客户和常相往来朋友的姓名。

记住你的客户的名字，这将充分表现出你对他的重视。人是崇尚礼尚往来的，你重视他，他也会重视你。

## 不要与客户争论

在推销时，销售人员不要总是希望迅速有效地改变客户的态度，而应采取尊重客户的做法，间接地暗示他，让他心里清楚："我是尊重你的、理解你的。"

有一次，一位女士怒气冲冲地走进果蔬店，向销售人员喝道：

"我叫我女儿在你们这儿买的苹果，为什么缺斤少两？"

销售人员一愣，然后礼貌地回答："请您先回去称称孩子的体重，看她是否重了。”

这位妈妈恍然大悟，脸上的怒气也顿时消去了，心平气和地微笑着对销售人员说：“噢，对不起，误会了。”

为什么会出现这种情况呢？在这里，首先销售人员认为自己不会称错，那么便剩下一种可能，即那位女士的孩子把苹果偷吃了。但是如果明说“我不会搞错的，肯定是你女儿偷吃了”或者“你不找自己女儿的麻烦，倒问我称错没有，真是莫名其妙”之类的话，这样不但不能平息客户的怒气，反而会引发一场更大的争吵。因此，销售人员用委婉的语气指出客户忽视了的问题，既维护了商店的信誉，又避免了一场争吵，也赢得了客户的理解与好评。

所以，无论在什么情况下，销售人员都不能同客户发生正面争论。客户提出的各种反对意见也许是荒谬的、无理的，有时甚至是让人难以接受的。但不管怎样，销售人员都不能冒犯客户。因为没有哪位销售人员能通过争论来说服客户并最终购买自己的产品。

销售人员要永远记住自己的目标与使命：向客户推销产品，而非与他们进行争论！

在推销过程中，有经验的销售人员总是使用最恰当的语言艺术来创造一种轻松愉快的气氛，以便消除顾客的排斥心理，从而迅速转入正常的业务洽谈阶段。当双方产生意见分歧时，销售人员恰当的语言艺术又是转移或搁置矛盾、化解或缩小分歧的主要手段。同时，销售人员在阐述自己的立场和要求时，采用合理的语言表达方式，既可以清楚地说明自己的观点，又不致引起对方的反感。

山姆是自动办公设备的推销员。他对自己推销的产品充满信心，因为这些产品本身也确实称得上质量好、价格合理。在和客户的沟通中，他常常使用这样的语言："嘿，我说，你们的办公设备已经过时了，如果使用我们的设备，一天可以节省几个小时的时间。""老兄，你干吗听信××公司的推销员，他们全都是骗子，我们的产品才是真正的一流货色。"

尽管山姆的话有时符合当时的实际情况，但却使很多顾客感到不快。一些顾客往往也反驳他说："我不信你那一套！"遇到这种情况，山姆往往会认为这是客户在给他机会，以让他来进一步介绍产品。于是，他就开始向顾客介绍产品的性能、特点、价格等，但他很快就不得不停下来，因为顾客已经走开了。

客户走开的原因就在于销售人员那种不当的说话方式。他完全可以这样说："假如我有办法使您的办公效率提高1/3，或者说可以使您原来7天的工作用5天就可以完成，那么您对此有兴趣吗？您想听听有关这方面的详细情况吗？"

以征求意见的口气与客户谈话，才能避免争论，从而取得良好的沟通效果。

## 面带微笑地与客户交谈

一个在工作中总是充满真诚微笑的销售人员，会让客户觉得非常友善，他也会明白你的心意："我喜欢你，我很高兴见到你。"

自我推销高手、著名钢铁企业家施瓦伯曾经说过他的微笑能抵得上100万美元。这大概是在向人们暗示微笑的真理，施瓦伯的性格魅力和他那令人称道的能力，几乎是他取得成功的所有原因。而他的个性中最具魅力之处，就在于他那能够打动一切人的迷人微笑。

密歇根大学心理学教授詹姆斯·麦克奈尔也谈了他对微笑的看法。他说："那些笑脸常在的人，在管理、教育和推销当中会更容易获得成功，更容易感染所有和他们接触的人。笑容比皱眉头能更好地传情达意，这也正是为什么教育中更应该以鼓励和微笑取代体罚和处置的原因所在。"

卡耐基在对他的商界学员（尤其是那些推销员）进行培训的过程中，也曾建议他们花上1个星期的时间，每一天的每一个小时都对别人微笑，然后再回到班上谈他们的体验。

由此可见，微笑的作用是多么巨大。即使人们不能看到笑的本质，但它的影响却是很大的。在全美国具有重要影响的美国电话电报公司，有一个"声音的威力"的栏目，该栏目为电话使用者提供免费电话，以推销产品和服务。在该栏目中，电话公司建议销售人员在打电话时，应该保持微笑，但是这种微笑只能通过声音来传达。

所以，如果销售人员希望客户看到你的电话会心情愉悦的话，那么你一定要记住：当你去拜访客户、和客户交谈时，一定要心情愉悦，保持自然的微笑。

你笑不出来吗？那该怎么办呢？以下有两个办法可以帮助你：第一，强迫自己微笑；第二，如果你一个人独处，不妨自己吹吹口哨、或哼一支小曲、或唱唱歌，就好像你很快乐的样子，那就能使你快乐。

美国著名的保险推销员弗兰克·贝特格认为，微笑对于销售人员的成功具有极其重要的作用。对此他曾发出过这样的感慨：

“作为推销员，我认为最主要的问题就是能够面带笑容和客户打交道。当我还很小的时候，父亲就去世了，母亲独自带着我们5个孩子。为了供养我们上学，母亲只得去洗衣、缝补、干些杂活。那年天气寒冷，全家除了厨房之外，没有一个暖和的地方，房间也没有地毯；天花、猩红热、伤寒等疾病随时会降临到我们身上。饥饿、疾病夺走了我们家3个孩子的性命。这样的生活遭遇，使我们丝毫享受不到生活的乐趣。多年来的苦难生活，让我的表情总显得有些忧郁，但生活告诉我必须改变这一点、必须让自己面带笑容。我努力去做，很快就在家里、在社会上、在事业上收到了效果。

“我每天早上都要花15分钟洗漱，并强迫自己带着笑容出门。我很快就发现，这种虚假的职业微笑只能多换来几美元，却根本不能取代那种发自内心的、真诚的微笑。

“然而，要想拥有这种微笑并非易事。就在我每天早上的15分钟洗漱时间里，心中仍然充满了疑虑、恐惧和担心。所以，无论我如何强颜欢笑，但过不了多久又是一副忧郁的面孔。

“微笑和忧郁是无法并存的。”如果我想让自己微笑，就得想着那些快乐的事情。来看我是如何开始我的一天的。

在进入别人办公室之前，我会先停下来，想想该说些什么，然后面带微笑地走进去，这样的微笑容易变成开怀大笑。我几乎总是会有所收获：当秘书小姐进去通知老板，然后将我引进办公室时，她们一般都会受到我的微笑感染而面带微笑。

面带真诚的微笑，和擦肩而过的人打个简单的招呼，往往比啰里啰唆地说一大堆无关痛痒的话更受欢迎。如果对方是你的熟人，不妨面带真诚的微笑直呼其名。要知道，真诚的微笑永远魅力无穷。

正是这种简单的方法，才使得我在推销保险业务上取得了巨大的成功，因此微笑对我的成功而言，有很大的帮助。

你是否注意到一个现象？那就是好运似乎总是偏爱那些真诚而富有激情的人，而厄运则总是伴随那些忧郁的人。

只需面带笑容，你就会感受到快乐，同时也能让你的客户感到快乐。这听起来不可思议，但是，你为什么不试着以微笑来面对一切事物呢？这样你将会做得更好。你可以看看，当你面带微笑地对待你的客户时，会有什么效果——面带微笑是终止忧郁的最好方法之一；面带微笑，你将让自己到处受欢迎。

## 向客户表达你的认同

在向客户推销商品的过程中，客户对商品所提出的反对意见总是包含一些主观意愿。当面对客户的这种疑问时，销售人员如果能够对客户表现出一定的认同，那就能让客户感觉到你能够理解他、关心他，是在为他着想，从而顺利地赢得客户的信任。

在通常情况下，销售人员可以用以下几种方法来表达对客户的认同心：

1. 对客户的感受表示理解与接受

在向客户推荐商品的过程中，如果销售人员能够充分尊重客户的意见，并发自内心地说一些表示同情和理解的话，就会解除客户的戒备心理，并增加对你的好感。这样，当你再进一步向客户作解释时，他也会更容易接受你的意见和观点，从而有利于推销工作的顺利进行。例如：

"李总，我同意您关于成本优先的看法。"

"李总，您这样做绝对是正确的。"

"李总，您有这样的想法真的是太好了。"

"李总，如果我遇到这样的事情，我也会这样想。"

“李总，尽可能地降低成本，这对任何一个企业都是非常重要的。”

“李总，我以前的客户也认为成本很重要。”

“李总，我理解您现在的感受，以前我也曾经遇到过。”

客户说：“这款照相机的操作太繁琐了，用起来不太方便。”销售人员：“是的，很多顾客在购买时都曾反映过这个问题。这款专业性的高级照相机的操作方法是稍微复杂了一点，不过，只要掌握了使用方法，用起来还是很方便的，而且拍照效果非常好，那些用过这款相机的客户对它的评价都很高。”

2. 向客户强调相关问题的严重性

一位寿险推销员，在他费尽口舌向客户灌输了种种寿险观念与投保的必要性后，那位客户却说：“保险的确非常重要，也值得购买，但我目前比较忙，等到年底再说吧。”

这时，这位寿险推销员给客户讲了这样一个真实的故事：

“先生，您的确很忙，有很多重要的事情需要您去办理。但是意外是不等人的，它随时都有可能发生。先生，有一件事谈起来真是不好意思，在我心中一直都存有一种内疚感。

“三年前，当我刚踏进保险这个行业时，我首先想到的是把保险介绍给我最好的一位朋友，可不巧，那年他公司刚开业，事情特别多，根本没有时间来考虑保险的事。我当时想，他是我的朋友，有的是机会，以后再找他签吧，也没有再坚持要他立即投保，只是把合同留在他家中。

“谁知，几个月后的一天，他太太突然打电话告诉我，他患了晚期肝癌，生命只剩下了最后几个月。他太太几乎伤心欲绝，我也只能去尽量安慰她。他太太接着问：‘我曾记得你到我家，向我先生介绍过保险。我们现在看病已经借了很多外债，那我能拿到多少赔偿来偿还这些医疗债务呢？’

“听到这句话后，我头脑一阵晕眩，不知该怎么回答，真糟糕，我这时候才想起他还没有买保险，但这正是他需要的时候。此时，我才深深感到对不起我的朋友、对不起朋友的太太，在他们最需要保险的时候，竟然得不到丝毫保障。

“当时只是由于他是我要好的朋友，就没有要求他马上签字，只是想等他空闲的时候再来请他购买，但是，此事能等待吗？我感到很失职，感到非常难过。

“第二天早上，我带着个人的存款5000元人民币到医院去看望他，但我的内心依然沉重。因为，我本来可以送上远大于这个数目的赔偿金额，可由于我的‘失职’，导致他的家人没有得到应有的保障。

“此事给我带来了沉痛的教训，也让我深深体会到了个人力量的有限。从那以后，我就下决心，一定要把保障带给我接触到的每一个人。”

毫无疑问，那位先生最后被这个故事深深打动了，便毫不犹豫地在保单上签下了自己的名字。

## 不该说的话千万不要说

经常看到在销售中，往往因一句话而毁了一笔业务的现象，如果能避免失言，销售人员的业绩肯定会百尺竿头，更进一步。也许有人认为不说实话是虚伪，但有时候实话不实说并不是虚伪。话是说给他人听的，销售人员的话可以使客户心情舒畅，也可以使客户情绪一落千丈。使客户心情舒畅，于己于人都有好处，销售人员何乐而不为呢？

小娟是一名服装售货员。一天，一位穿着一件旧外套的顾客走进了店门。看着他身上的破旧外套，小娟就想卖给他一件新外套。小娟心里在想："这人怎么还穿这种破衣服？这还是好几年以前流行的款式，他居然穿了这么多年，这衣服早该当抹布用了。"当然，小娟心里可以这样想，嘴上却不能这样说，如果实话实说，那肯定会离销售成功越来越远。

有一名汽车销售人员，当客户问，他那辆旧车可以折合多少钱时，销售人员心里想的也许是："这辆破车还能值几个钱？"这可能是大实话，那辆车也许确确实实就是一辆不值钱的破车，它的轮胎也许已经磨损得不像样了，它的发动机工作时的杂音也很大，车里的气味也许很难闻，总而言之，它就是一辆破车。但这种大实话销售人员是绝对不能说的。因为这是客户的车，客户可能很喜爱这辆汽车，毕竟开了这么多年，总会有点感情。即便不喜欢这辆车，也只有客户自己有资格来批评这辆车。如果销售人员先开口说这辆汽车如何如何糟糕，这无疑是在侮辱汽车的主人，不知不觉中会伤害了客户的自尊心。这样，还能向客户销售吗？想想这些，销售人员还敢批评客户用过的东西吗？

所以，通常情况下，销售人员在与客户沟通时，不能说以下几种话：

1. 直接批评客户

这是许多销售人员的通病，尤其是刚从事销售这一行的，有时讲话不经过大脑，脱口而出伤了客户，自己还不觉得。虽然销售人员是无心去批评指责，但客户听起来，感觉就不太舒服了。人人都喜欢听好话，人人都希望得到别人的肯定，否则又怎么会有“赞美与鼓励让白痴变天才，批评与抱怨让天才变白痴”这句话呢。在这个世界上，没有谁愿意受人批评。销售人员每天都要与人打交道，赞美的话语应多说，但也要注意适量，否则会让人有种虚伪造作、缺乏真诚之感。

2. 攻击性语言

人们可以经常看到这样的场面，同行业里的销售人员用带有攻击色彩的话语攻击竞争对手，甚至有的销售人员把对手说得一钱不值，致使整个行业形象在人们心目中受到损害。多数的销售人员在说出这些攻击性语言时，缺乏理性思考，殊不知，无论是对人、对事的攻击词句，都会造成客户的反感。因此，作为销售人员应尽量杜绝攻击性语言，最好做到闭口不谈，对销售会有好处的。

3. 个人隐私

与客户打交道，关键是要把握客户的需求，而不是一张口就大谈特谈隐私问题，这也是销售人员常犯的一个错误。有些销售人员可能会说："我说我自己的隐私问题，这样总可以吧。"就算只谈自己的隐私问题，不去谈论客户的，试问销售人员推心置腹地向客户把自己的婚姻、性生活、财务等情况和盘托出，能对销售产生实质性的帮助吗？

4. 不雅之言

每个人都希望与有涵养、有层次的人在一起，相反，不愿与那些满嘴粗语的人交往。同样，在销售中，不雅之言，必将对产品销售带来负面影响。例如，在销售寿险时，最好回避"死亡""没命了"此类的话语。不雅之言，对于个人形象会大打折扣，也是销售过程中必须避免的话语。

实话不实说，并不是要销售人员不讲实话、以次充好去欺骗客户，对于产品的优缺点销售人员必须实话实说。

# 第九章
# 开启提问式销售模式

在和客户沟通中，让客户说得越多，销售人员了解对方真正意图的机会就越多。所谓知彼知己，百战百胜。当你掌握对方的情况，远比对方知道你的情况还要多，你自然就把握住了先机。

怎样才能让客户说得更多呢？秘诀就是——提问！

## 提问能了解客户的需求

在向客户推销产品的过程中，销售人员一定要确保客户对所讲解的内容清楚、明了，否则会造成不必要的误解。这就要求销售人员善于运用提问的技巧，通过不断地向客户提问，了解客户真实的需求，确保客户清楚你讲的内容。

1. 询问客户的需求和观点

小张在向某公司的领导推销电脑时，很好地充当了顾问的角色。

“上次，您谈到电脑的性能可以满足3～5年的需求。这怎么理解呢？”

“现在电脑产品更新很快，我们希望笔记本电脑能够用得久一点。”

“确实是这样。我记得三年以前，电脑的主频只有200多兆，现在的主频已经到了1.8G，是以前的七八倍。您觉得电脑使用时间的主要瓶颈在哪里？或者说三五年以后，笔记本的哪些配置会成为使用的障碍？”

“我想听听你在这方面的看法。”

“您看看我这三年用电脑的情况您就知道了。三年前，我的电脑是256MHz的主频，64M的内存，40GB的硬盘。三年下来，我已经将硬盘升级到了160G，内存升级到了1G。屏幕技术发展比较稳定，没有必要升级。主板的设计造成CPU不能用市面上的CPU来升级。考虑到内存的升级最容易而且价格下降较多，内存现在只要够用就行了，以后可以很方便地升级。为了能够使您的电脑用得时间长一些，您应该在CPU的主频和硬盘方面的配置高一些，显示屏应该使用19英寸的，这样在几年之内都会是顶级配置。”

“你建议的配置呢？”

“现在生产的电脑CPU有三种：PIII850、PIII900和PIII950。PIII850马上就要停产了。而且Intel的CPU最近会降阶，我建议您采用PIII950的CPU。您使用的数据量很大，考虑到以后升级硬盘时要淘汰现有的硬盘，所以我建议您这次的硬盘配到160G。内存就使用512MHz就可以了，屏幕选择19英寸的屏幕。”

“有道理。”

2.适当提答案为“是”或“否”的问句

要确定客户有某一个需要，销售人员应该把客户的需要涵括在提问当中（运用反映需要的言辞），引出“是”或“否”的回答。

客户：“我们现在用的笔记本电脑，它的电池使用时间太短，好几次在紧要关头就没电了。”

推销员：“所以您希望电池的使用时间长些，对吗？”（用选择式询问确定需要）

客户：“是。”

3.尊重客户

“我这样讲清楚吗？”

“你了解我的意思吗？”

“怎么还不明白！”

在上面三句话中，很明显第一句是最好的，它暗示着如果客户没有搞懂，那是销售人员没有讲清楚，是销售人员的责任。第三句在你的销售过程中是一定要避免的，因为客户会认为销售人员是在贬低、嘲笑他的智商，这样只会引起客户的反感。

## 销售提问的基本方式

销售提问有以下几个基本方式：

1. 主动式提问

主动式提问是指销售人员通过自己的判断将想要表达的主要意思用提问的方式说出来。一般情况下，对这些问题客户都会给予一个明确的答复。

有一家洗发水公司的推销员问："现在的洗发水不但要洗得干净，而且还要有一定的护发功能才行，是吧？"客户回答："是的。"推销员又问："为了能够护发养发就要合理地利用各种天然药物的作用，在洗发的同时做到护发养发，这种具有多种功能的洗发水您愿意用吗？"客户："愿意。"

当然，销售人员接着就可以问他想要知道的问题："这种含有药物的洗发水含有一种淡淡的药物香味，你喜欢吗？"如果客户说他不太喜欢，那么"症结"就找到了。

2. 反射性提问

反射性提问也称重复性提问，是以问话的形式重复客户的语言或观点的提问方式。例如："你是说你对我们提供的服务不太满意？""你的意思是，由于机器出了问题，给你们造成了很大的损失，是吗？""也就是说，先付50%，另外50%货款要等验货后再付，对吗？"

这类问题的好处在于：第一，它具有检验的作用，即能够用来检验销售人员是否真正理解了客户的观点，如果理解有误，客户就会当场指出；第二，它鼓励客户以合乎逻辑的方式继续表明观点；第三，它还可以使销售人员对客户的言谈做出适当的反应，可以避免直接向对方表示肯定或否定；第四，它还可以用来减弱客户的气愤、厌烦等情绪化。销售人员以问话形式重复顾客的抱怨，让客户感到他们的意见已受到重视，其抵触性情绪就会减弱。

3. 指向性提问

这种提问方式通常是以谁、什么、何处、为什么等为疑问词，主要用来向客户了解一些基本事实和情况，为后面的说服工作寻找突破口。如："你们目前在哪里购买零部件？""谁在使用复印机？""你们的利润制度是怎样的？"

这类问题的提问目的十分清楚，也比较容易做出回答。通常用来了解一些简单的、宜于公开的信息，不适合用来了解个人情况及较深层次的信息。需要注意的是，在使用这类问题时要表现出对客户的关心，语气不可太生硬。

4. 评价性提问

评价性提问是用来向客户了解对某一问题的看法，而且这类问题一般都没有固定答案的提问方式。如："你觉得小型轿车怎么样？""你认为租与买哪个更合算？""要是增加一些零件存货会怎么样？"

评价性提问通常用于指向性问题之后，用来进一步挖掘相关的信息。在很多情况下，客户很可能不愿意对某个问题发表意见。这时，销售人员就应该使用间接评价性的问题。间接评价性问题要求客户对第三者的观点做出评价。如："有报道说，××牌电梯在消费者中信誉很高，你认为它在客户中受欢迎吗？"

5. 细节性提问

这类提问的作用是为了促使客户进一步表明观点、说明情况。但与其他提问方式不同的是，细节性问题直接向客户提出请求，请其说明细节性问题。如："请你举例说明你的想法？""请告诉我更详细的情况，好吗？"

6. 损害性提问

这种类型的提问，其目的是要求客户说出目前所使用的产品存在哪些问题，最后再说服客户来使用你的产品。例如，一位复印机推销员问潜在客户："听说你们现在使用的这种复印机复印效果不太好，字迹常常模糊，是吗？"显然，这类问题极具攻击性，如果使用不当，也会引起客户的反感。所以，在提出这类问题的时候，一定要注意用词和语气的委婉，并要考虑到客户的承受能力。

7. 结论性提问

这种提问是根据客户的观点或存在的问题，推导出相应的结论或指出问题的后果，诱发出客户对产品的需求。这类提问通常使用在评价性问题和损害性问题之后。例如，复印机推销员在客户对损害性问题肯定之后，可以接着使用结论性问题："用这样的复印机复印广告宣传材料，会不会影响宣传效果？”

8. 选择式提问

销售人员应该将产品可能引起的异议进行分类，让客户自己从中选择一个或几个。例如，推销员可以问客户：“你好，我们的产品有哪些问题让您觉得不太符合你的需要呢？是样式、体积、重量还是口味……”

9. 建议式提问

销售人员应该主动对客户提出购买相关产品可以获得的相关利益，并给出一些良好的建议，以刺激客户的购买欲望。比如，童车推销员就可以这样问他的顾客：“请问您买这辆小车是给几个月的婴儿睡觉用，还是给一两岁的婴儿坐着用？”或是问：“您买这辆车是愿意让小孩骑三轮的车稳定些，还是要让他练习一下骑两轮单车的技巧？”短短的一个问题既赢得了客户的信任和认同，又巧妙地说出了该产品的多种功用，从而给客户留下了良好而又深刻的印象。

10. 请教式提问

一家大公司的推销员到一所学校里去推销计算机，他问学校教师：“现在学校都搞现代化教学，都配备了计算机，是吗？”教师回答：“是的。”接着推销员就可以顺理成章地推销他的计算机了。

# 做好提问的准备工作

在与客户面谈之前，销售人员应该做好充分的准备，其中准备向客户提出的问题是重要一环。为了使交易继续下去，销售人员应仔细考虑制订出一个周密的计划。

事实上，销售人员不需要准备很多的问题。正如美国广播公司的播音员和采访专家特德·考培尔说："在大部分时间里，如果你开始幽默地向人们提出一个问题，结束时他们会告诉你非常有趣的东西。"

随着会谈的进展，销售人员的问题应集中于确定客户的真实需求、目前的问题或损失、购买你的产品后他将获得什么。在这个交易阶段，重要的是尽可能让顾客深入地思考。

在进入建议阶段时，更应多提出问题让客户考虑并说出他目前行动的结果和你的想法的效用。没人比客户自己更了解他对所期待结果的观点和概念。关键的推销战略是让客户用自己的话把他的想法给你解释一下。当然，提出错误的问题会使客户停止交谈。这就出现了一个问题：该问什么样的问题呢？

在销售沟通中，向客户提出什么问题，主要在于提问者的目的。毫无目的的提问在沟通中是毫无意义的。因此，在提出问题时要注意：

第一，提出的问题要能引起对方的注意，并能诱导对方的思考方向。而要引起对方的注意，销售人员提出的问题必须有一定的分量；要诱导对方的思考方向，提出的问题必须要有一定的计划性。

第二，提出的问题要能获得自己所需要的信息与反馈，即问什么，一定要有针对性，并做到具体明确，这样才可能得到对方明确的回答。同时，在措辞上一定要慎重，不能刺伤对方、为难对方，也不要引起对方的焦虑与担心。

第三，要更好地发挥提问的作用，提问之前的思考、准备是十分必要的。诸如：我要问什么？对方会有什么反应？能否达到我的目的？

此外，为了让所提的问题能在对方心中留下印象，它应该满足以下几个条件：

（1）想从这个问题里得到什么样的信息？

（2）提出这个问题之后，能否因此判断这位准客户的资格？

（3）要得到所需的信息，必须提出一个以上的问题吗？

（4）所提我的问题能不能让准客户思考？

（5）所提的问题能不能把销售人员与其他竞争者区分开？

通过有效的提问，能够引起客户的注意，从而也能让销售人员的产品在对方心中留下强烈的印象。总之，方法多种多样，要灵活运用。

# 销售实战中的提问技巧

一个好的提问能够在很大程度上改变一场交易，那些具有一流水准的销售人员往往是提问的高手，他们在推销实战中总是特别注意提问的技巧。

1. 提问要有阶段性

应该把问题分布在沟通过程中的不同时段上，避免连续性的提问。因为，当销售人员接二连三地提出问题时，客户可能会感到很不舒服。这样的话，他们可能会觉得不是在参与交谈，而是在接受审问。有的客户甚至会因此而产生抵触情绪，故意不回答问题。

如果能够适当地把你的问题分割开来，就可以使客户有充裕的时间来做出回答，从而做到在轻松的气氛中参与交谈。分割问题的主要方法是要进行有计划的提问，不打断客户的回答。总之，要让客户感到：他们是自愿提供信息的，而不是被迫泄露的。

2. 提出的问题要客观

销售中的提问，主要目的应该是了解客户的真实想法，而不是诱使客户做出某种承诺或强迫他们接受销售人员的观点。举例来说，如果提出的问题只有一个可能的答案，而这个答案又明显有利于销售人员，那么，这个问题就不具备客观性。

例如：“为什么你认为这是一个优秀的产品？”或者“你认

为我们的产品在哪些方面胜过你正在使用的产品？”这样的问题试图鼓励对方做出肯定回答，没有否定答案，还具有明显的主观倾向，很容易引起客户的反感。退一步讲，即使得到了想要的答案，那么销售人员也不能把握客户的真实想法。

3. 多做开放性的提问

开放式的提问技巧是指发问者提出一个问题后，回答者围绕这个问题要告诉发问者许多信息，不能简单以“是”或者“不是”来回答发问者的问题。

这类提问的目的是为了鼓励客户做出较深入、较详尽的回答。如果销售人员提出的问题只有“是”或“否”这样简单的答案，那么，这样的提问就是不恰当的。因为它无法使客户发出更多的信息，也很难使客户真正参与到交谈中来。

如：“你是否听说过我们公司？”这个问题的答案只有“是”与“不是”，而“有关我们公司，你了解哪些情况呢？”这个问题就要好得多。

销售人员要想从客户那里获得较多信息，就需要采取开放式问法。使客户对你的问题有所思考，然后告诉你相关的信息。

提出开放性的问题，并且耐心地等待，在客户说话之前不要插话，或者鼓励他们大胆地告诉你有关信息，收效会很明显。客户对于开放式的问法也是乐于接受的。他们能认真思考你的问题，告诉你一些有价值的信息，甚至还会对你的销售工作提出一些建议，这将有利于你更好地进行销售。

4. 适当采用封闭式的提问

封闭式问法是指回答者在回答问题时，用“是”或是“不是”就能使发问者了解其看法。

销售人员以封闭式问法可以控制谈话的主动权。如果销售人员提出的问题都使客户以“是”或者“不是”来回答，销售人员就可以控制谈话的主题，将主题转移到和推销产品有关的范围里，而不至于把话题扯远，同时，销售人员为了节约时间，使客户做出简短而直截了当的回答，也可以采用封闭式问法。

一般说来，在进行销售工作时，不宜采用封闭式问法。采用封闭式问法虽然有助于掌握谈话的主动权，但是并不能够了解客户是否对谈话的主题感兴趣，因而也就不可能从客户那里得到更多的信息。如果确定已经了解客户的需要以及他的兴趣，那么就可以采用封闭式问法获得直截了当的答案，提高推销效率。

开放式问法与封闭式问法得到的回答截然不同。封闭式问法的回答很简单，而开放式问法的回答所包含的信息量多，它的回答也常常出乎提问者的意料。

5. 进行明确的提问

要使所提问题容易被客户理解和回答，避免提出过于复杂与冗长的问题。

有些销售人员把几个问题糅合在一起，使提问复杂化。例如：“请问你们多长时间订货一次并全部销售出去？”这个问题就很难让客户做出合理的回答。因为他们不明白你究竟是在问多长时间订一次货呢？还是在问一次所订的货物多长时间能够全部售完呢？

另外，还有些销售人员把问题拉得很长。例如："有这么多复杂的报告要准备和翻阅，你很难确定什么时候去展销会看我们的样品和技术资料吧？"

太过繁琐的问句，很容易让客户感到厌烦，他们也很难集中精力去仔细听清这类问题。所以，提问应做到尽量简单、明确，不拖泥带水。

6. 证明式提问的技巧

有时客户可能会不假思索地拒绝销售人员的产品，所以，作为销售人员就应事先考虑到这种情况并相应地提出某些问题，促使客户做出相反的回答。如："你们的冷却系统是全自动的吗？""您公司的仓库很大吗？"当客户对这些问题做出否定回答时，就等于承认自己有某些需求，而这种需求亟待销售人员来帮助解决。

## 提问时的注意事项

在与客户的沟通中，一个好的提问有可能会促成一笔交易的达成。同样，一个不当的提问也很可能会葬送一笔即将要成交的买卖。因此，在向客户提出问题时，销售人员必须慎之又慎。

1. 选择好提问的时机

销售人员在向客户提问时，一定要注意把握好时机，做到审时度势地去提问，这样才能够比较容易引起对方的注意，保持客户对沟通的兴趣。具体来说，对提问时机的把握，要注意以下几个方面的要点：

（1）即使你急着想要提出问题，也应该等对方充分表达之后再提问。过早或过晚提问，都会打断对方的思路，而且显得不礼貌，也影响对方回答问题的兴趣。

（2）在对方还没有答复完毕以前，不要提出你的第二个问题。

（3）与谈判无关的一些问题，最好在谈判前、谈判后或中间休息时提出。

（4）要想控制谈话的方向，可以连续发问，但每次提出的问题要单一而明确，所提出的问题，前后要有连续性、逻辑性。

（5）提问时要注意对方的情绪。当对方情绪高涨时，可以抓紧时间多问、问深些；反之，则尽量少问，所提问题亦不能太深。

2. 避免一些不当的提问法

一个不当的问题，对沟通效果的影响也许将是不可挽回的，所以销售人员要特别注意以下几个问题。

（1）不要直接提那些对方不可能回答的问题。杜绝使用讽刺性、盘问式、审问式的发问。

（2）不要有意使对方难堪，不能提出带有敌意或威胁性的问题，更不能提出指责性的问题。

（3）按平常的语速发问。太急速的发问容易使对方认为你是不耐烦或持审问态度；太缓慢的发问，容易使对方感到沉闷，认为你无时间观念。

（4）提问时态度要谦虚，语气要和蔼，面部表情、手势动作、身体姿态等要同步配合。

（5）由广泛性的问题入手再移向专门性的问题，将有助于缩短沟通的时间。

（6）对手欲回避的问题，既不要放过，也不要死缠滥打，更不要冒犯对方的忌讳，可以细心体会对方的某些暗示。所谓“说话听音，锣鼓听声”。

（7）提出敏感性问题时，应该说明一下发问的原因，以示对人的尊重，同时也可避免造成麻烦和窘境。

（8）所有的问题都必须围绕一个中心议题，并且尽量根据前一个问题的答复设计问句。

（9）提问方式，必须与问话对象相适宜。对方坦率耿直，提问就要简洁；对方爱挑剔、善抬扛，提问就要周密；对方急躁，提问就要委婉；对方严肃，提问就要认真；对方活泼，提问可幽默。

# 第十章
# 处理客户的异议

“买卖从客户说不开始。”客户的异议既是成交的障碍，也是成交的信号。“推销的主要任务就是答复客户的反对。”销售人员对客户的异议要认真对待、分析原因、努力化解。如果销售人员认为有异议就是拒绝购买，一遇到异议就垂头丧气，草草收兵，这是一种严重的误解和错误的行为。

客户有异议是极为正常的现象，俗话说“褒贬是买主，喝彩是闲人”，因为具有购买意向的人，对产品的质量、性能、价格才会注意、关心，他们常常倾向于提出十分苛刻的要求。

## 摸透客户为什么会有异议

所谓异议，是指在销售的过程中客户所提出的反对意见，无疑，这是交易达成的一种障碍，但只要处理得当，这种异议很可能转变为一种成交的信号。

几乎在每一次的销售过程中，面对销售人员的推销，客户总会提出这样那样的异议。因此，准确把握并妥善处理客户的异议，是销售人员必须具备的一项基本业务素质。

在销售实践中，客户的异议主要表现为以下几种类型：

1. 价格异议

这是销售人员在推销过程中遇见的最多的一类异议。从市场供求关系的具体情况来看，客户一般对产品的价格最为敏感，因为这与客户的切身利益直接相关，所以许多客户在产生购买欲望之后，首先就对价格提出异议。销售人员最常听到的就是：“你这价格太高了！”

2. 销售人员异议

这是客户针对某些特定的销售人员的缺陷提出的，诸如销售人员的言语沟通不畅、信誉欠佳、缺乏应有的推销礼仪等，都可能导致客户对销售人员的异议。

3. 产品异议

在洽谈过程中，当客户对你推销产品的质量、规格、品种、设计式样、包装、装潢等方面提出反对意见时，客户对产品就有了异议。产品异议是一种常见的客户反对意见，一旦客户已经了解自己真实的需求，但又担心眼下这种产品能否满足自己的需求时，自然会产生某种异议。产生这一异议的原因同样也是复杂的，它可能由于产品自身的不足，但大多数是来自客户的主观因素，如客户的文化素质、认识水平、消费习惯、购买方式以及其他各种社会成见等。

4. 需求异议

当客户对你说："我不需要这东西！"或者干脆告诉你："这种产品我早已经有了！"诸如此类的话语，表明客户是在需要方面产生了异议。需求异议的根源有以下几种情况：第一，客户真的不需要你推销的商品；第二，客户的偏见与成见；第三，出于某种借口。如果根源在于第一种情况，那么销售人员就应该适时停止宣传介绍。如果根源在于后几种情况，那么销售人员就应运用有效的异议化解技巧来消除这些障碍。

5. 购买时间异议

这是客户有意拖延购买时间而提出的反对意见。比如，某位客户对上门来的推销人员说："让我考虑一下，下星期再给你答复。""我们不能马上决定，研究以后再说吧！"

客户在面对销售人员的推销时，可能会由于种种原因，希望拖延和推迟购买时间，有的是由于手头资金不足，有的是尚未考虑好是否购买，有的是身边还有存货，有的则是一种推托的借口。对此，销售人员应做具体分析，区别对待。

6. 支付能力异议

这是指有些客户以无钱购买为由提出的一种异议。如一位收入颇丰的客户买了一台日本进口的高级音响，他怂恿另一位刚毕业的小伙子也去买一台，后者坦率地告诉这位朋友，尽管建议很好，但现在无力购买。这种情况是一种真实的支付能力异议。当然，导致客户在支付能力上提出异议，其原因是复杂多样的，不仅出于财力问题，更多的可能源于客户的种种借口，从而产生虚假的支付能力异议。

7. 货源异议

货源异议是客户对推销商品来自哪家企业和哪个销售人员而产生的不同看法。在推销过程中，客户常会这样说："这种产品质量不可靠，我更喜欢××品牌的产品！"这些都是货源异议。企业信誉不佳、同行之间出现激烈竞争、售后服务跟不上等情况均可能导致客户对货源方面提出反对意见。有时，客户的某种成见和误解也会影响到对企业整体形象的评价。

8. 决策权力异议

销售人员上门推销时，客户有时会当面说："这件事我做不了主，需要跟上级领导商量后才能决定。"有的客户还会说："订货的事我无权决定。"类似这样的言语称之为决策权力异议。这种异议与其他异议一样，有真实与虚假之分，销售人员要善于识别、准确判断，也许对方真的没有采购决策权，也许是因为出于其他的理由。比如客户需要时间了解信息，调查市场情况，以便在谈判桌上运用合理的策略来讨价还价，争取更大的优势。

总之，正确认识客户提出的种种异议及其产生的根源，是有效地处理这些异议的前提条件。在许多推销场合，客户异议的主要根源来自于客户的主观心理因素。因此，对客户的各种心理障碍进行全面分析，将有助于销售人员施展推销策略与推销技巧、采取正确有效的方法化解客户的异议。

## 识破异议背后的真实意图

客户在面对销售人员的推销时，总会提出这样或那样的质疑，客户提出异议是因为他们想知道这件产品为什么值得购买，而这正是他们在向你微妙地传达对你的产品有兴趣。但是，很多销售人员却没有足够的耐心与勇气，一遇到客户的质疑就泄了气，就放弃了努力，转而到别处开始另一次推销。

当客户真正对你的产品产生兴趣，而又拿不定主意是买还是不买时，他们就会提出相应的异议，而这些异议正是他们将要购买的一种信号。如果对此处理得当的话，那么随后的成交就很有希望。

例如，客户已经有一套相应的软件系统，如果再买下你的那套软件的话，他就需要多付一笔费用，所以他很可能会说："也许我应该继续使用现有的软件，这样就可以节约一笔开支。"但他的实际意思很可能是想证实买下你的软件能不能给他带来好处。如果对方只是说："我还是用我现有的好了。"那就说明他根本没有把你说的话听进去。除非你能做些试探，套出他的真正意图，不然成交的希望很可能微乎其微。

实际上，有些反对意见的背后都潜藏着客户渴望了解更多信息的真实意图。下面就是一些这样的例子：

异议："我不觉得这价钱代表着'一分价钱一分货'。"

真实意图："除非你能证明你的产品物有所值。"

异议："这尺寸看起来对我不大合适。"

真实意图："除非你能证明我穿上大小、长短正合身。"

异议："我从未听说过你的公司。"

真实意图："我愿意买你的货，但我想知道你的公司是否有信誉、值得信赖。"

异议："我正在减少开支，所以我不想买任何新产品。"

真实意图："除非你能使我确信你的产品真是我需要的东西，不然我是不会掏钱购买的。"

如果销售人员找不出客户提出异议的真正用意，那你就会错过很多本来有可能成交的生意。

保罗是一名股票经纪人，他正试图推销ATR公司的5000股股票。而他的潜在客户吉姆刚巧是他的邻居和好朋友。一开始，吉姆就对保罗提出了反对意见，他说他只会对那些赢利的公司进行投资。

"ATR公司的股票今年下跌了5个百分点呢。"吉姆说。

"是的。"保罗赶紧回答说，"不过，他们的股票不会再贬值了。我们的股市分析家估计明年会上升8个百分点。"

"我不相信，除非我亲眼看到。那家公司已经有两年多没有赢利了。”吉姆又说。

那么，吉姆表示出这种异议的真正原因到底是什么呢？原来，他的一个外甥也在推销股票，他准备让外甥做他们的经纪人。吉姆一味推托，说明了他不知道如何去拒绝邻居而不致伤面子。

可想而知，即使保罗使出浑身解数，也是不可能说服吉姆的，因为他说的一切都和吉姆的真正意图毫不相干。

也许辨别客户异议的最好办法就是当销售人员提供肯定确凿答案的时候留心观察对方的反应。一般说来，他们要是无动于衷的话，那就表明他们没有告诉你真正的异议。

另外需要注意的是，当客户对销售人员提出一系列毫不相干的异议时，他们很可能是在掩饰那些真正困扰他们的原因。如果销售人员懂得“要是不想购买的话，没有人会提出如此之多的真正异议”，就可以提一些问题，以便揭示出客户内心的真实意图。

## 判别客户异议的真与假

在销售人员和客户沟通的过程中，客户总会以各种异议和疑虑来拒绝推销。销售人员在提供相关的资料，说明产品可以给予客户利益满足的同时，还要注意应对的技巧。在判断出客户异议的真假之后，针对具体问题采用具体方法，消除客户的顾虑。请看以下具体案例：

客户："我收入太少，没有钱买保险。"

推销员："正因为收入少，才需要买保险，以获得更多的保障。"

客户："我钱不多，不想投资基金。"

推销员："正因为钱不多，才应该投资，以这种稳定的方式，可以获得更多的利润。"

客户："我这种身材，穿什么都不好看。"

推销员："身材不好，才应该修饰嘛。"

总之，在推销过程中，销售人员经常会碰到各种各样的异议：你要去拜访客户，客户说没有时间；你在向客户讲解具体的产品性能，客户却因为成见而不置可否；你在努力询问客户的需求，客户却隐藏着真实的动机；你真诚地对待客户，他却以为你包藏祸心，小心防备……这些都属于异议的范畴。

有不少销售人员会对客户的异议抱有恐惧心理，认为异议最后只会带来失败。但是，优秀的销售人员却能从另外的角度来体会异议，把异议当成成功的信息，从异议中判断客户的真实需求，从异议中了解客户对自己的接受程度，从异议中获得客户更多的信息。

因此，对于客户的异议，销售人员大可不必感到畏惧，要尽力辨别出客户异议的真假，然后采取适当的应对措施。

1. 真假异议的表现

区分异议的类型是非常重要的，这样有助于销售人员有针对性地采用对策。一般来讲，异议分为以下两种类型：

（1）真实的异议。客户对你的产品很不满意，或者他现在没有需要，或者对你的产品抱有偏见，或者他使用过你的产品，知道你之前的产品容易出故障。这些都属于真实的异议。对于此类异议，销售人员可以视情况考虑处理的时机，是立刻还是延后。如果客户的异议重点是整个销售问题的关键，如果异议不能处理掉，就无法获得订单时，销售人员要立刻处理异议，保证进一步沟通的顺畅。在其他情况下，可以考虑延后处理。如：客户对你的产品偏见太深，需要长时间沟通和解释时；当遇到你的权限无法解决的问题时；当客户对你的产品并不了解，就立即提出价格异议时；当客户的异议你无法用更确定的方式说服时……

（2）虚假的异议。虚假异议主要是指客户用一些借口来敷衍销售人员，从而达到自己目的的方式。根据顾客的目的，可分为两类：一类是应付销售人员，客户实质对产品或服务没有太大的兴趣，只是为了不想和销售人员沟通，不想介入销售活动，只是为了打发销售人员；另一类是用异议混淆销售人员的视听，这种异议并不是客户真正在意的，这种异议也被称为隐藏的异议。如顾客可能说："这件衣服是很早前流行的款式了，现在早过时了！"或者"这种照相机的功能我很喜欢，但是它的样子太丑了。"或者提出产品的品质、色彩等各方面的异议。客户这么说，并不是他的真正想法，而是借这种假象，来取得销售人员的让步，以达到降价的目的。

2. 对真假异议的判断

销售人员判断出客户的真假异议是非常重要的。如果客户的异议是假异议，只是为了压价，他提出产品的颜色不符合他的要求，而你却认为这是客户的真异议时，你解决问题的方法自然和客户的真实想法大相径庭，就会让双方的沟通不畅。因此，判断出客户异议的真假非常重要。

判断客户的真假异议时，销售人员可以运用提问的方式，也可以通过对客户的身体语言进行判断。具体来说，身体语言可分为以下几种：

（1）表情语。人们常常通过面部表情来互相传递信息，像眼神动作和微笑、愤怒、悲伤等表情，都可以起到传递信息的作用，表情不仅能够传递一个人的情绪状态，还能够反映一个人的喜、怒、哀、乐等内心活动。

（2）副语言。所谓副语言，指的是人们说话的语音、语调和语气等。它们伴随语言表达信息的真正含义，因而副语言与语言的关系非常密切，副语言更能表达出一个人的情绪和态度。

（3）体态语。所谓体态，指的是人们在交流过程中表现出来的身体姿势，如前倾、后仰、双臂交叉等。人们对待他人的态度，在体态上是很难掩盖和隐藏的，所以销售人员要善于观察和分析，然后准确地判断不同体态透露出的不同信息，就很容易清楚客户表达的异议是真是假了。

判断出真假异议之后，针对真的异议，销售人员要采用相应的解决方式；而对于假的异议，销售人员就应该通过提问或旁敲侧击的方式来判断出客户的真实意思，从而更好地应对，做到有的放矢。

## 处理客户异议的言语技巧

客户对商品提出异议是销售活动中的一种必然现象，它既是成交的障碍，又是客户有购买意向的征兆。如果客户没有购买的兴趣和动机，也就不必在商品上多费心思和口舌了。实际上，客户的反对意见说明他期望与销售人员沟通信息。

根据不同客户的反对意见，销售人员应选择相应的处理方式，并加以解释和说明。这种回答和解释的过程，实质上就是说服的过程。

1. “yes”“but”法

销售人员以“yes”的回答来接受客户的意见，接着用“but”的方式来陈述反对的意见。如：“您刚才说睫毛膏用上去比较干，是的，如果您每次使用之前来回拉动几下可以让膏体充分附着在刷子上，那样就不会感到干了。”

2. 先发制人法

销售人员预计客户可能要提出某些反对意见时，最好的办法就是自己先把它指出来，然后采取自问自答的方式，主动消除客户的异议。这样不仅会避免客户反对意见的产生，同时销售人员坦率地指出商品存在的某些不足还能给客户一种诚实、可靠的印象，从而赢得客户的信任。但是，销售人员千万不要给自己下绊脚石，要记住：在主动提出商品不足之处的同时，也要给客户一个合理的、圆满的解释。如："您现在可能在考虑压力是否过大了，不必担心，这个安全阀的作用正是防止压力过大的。"

3. 询问法

销售人员先从客户的反对意见中找出误解的地方，再以询问的方式来征询意见。

例如，一位客户正在观看一把有塑料把柄的锯，问道："为什么这把锯的把柄要用塑料材质而不用金属的呢？看起来像是为了降低成本。"销售人员："我明白您说的意思，但是，改用塑料柄绝不是为了降低成本。您看，这种塑料是很坚硬的，和金属的一样安全可靠。您使用的时候是喜欢既笨重、价格又贵的产品呢？还是喜欢用既轻便、价格又便宜的呢？"

4. 引用比喻法

销售人员通过介绍事实或比喻以及使用展示等（如赠阅宣传资料、商品演示），用较生动的方式消除客户的疑虑。

例如，客户说："一张好好的脸上抹那么多层化妆品，那还不抹坏了呀！"销售人员回答："您看，在很多层衣服里面的皮肤，因为衣服阻隔了大部分的阳光照射和空气中的粉尘、污垢，不容易受到伤害，所以就细嫩。但是面部皮肤就不一样了，它会因为经常受到阳光的暴晒导致黑斑的产生，皮脂腺分泌出的油脂沾上了空气中的粉尘和污垢之后，就很容易阻塞毛孔，使皮肤产生黑黄色素、脓包、粉刺和过敏等。所以我们应该给面部皮肤穿上衣服。”

5. 自食其果法

销售人员使客户对商品提出的缺点成为他购买商品的理由，这就是自食其果法。对压价的客户，可以采用这种方法。

例如，某客户说：“你们的制度为什么那么死，不如别的商家灵活，你们能卖出去吗？”此时，销售人员要用肯定的语气回答：“因为商品是通过质量创建品牌，而不是通过销量创建品牌，我们一直认为没有一个严谨的、稳定的制度是不能制造出好的产品来的，也不能对消费者负责。您说呢？”

## 用真诚去化解客户的异议

真诚是商业往来中一种必不可少的态度，在任何场合都是需要的，在处理客户的异议时也不例外。真诚地对待客户，从客户的角度出发，才能更好地看清楚客户异议的问题所在，然后再合理地帮助客户解决问题，就会获得客户的认同，促成交易。

1. 设身处地替对方着想

要做到替客户着想，就应该认同客户的观点，但是认同又不等于赞同，赞同是同意对方的看法和意见，而认同只是认同客户的感受，了解他的想法，但并不是同意对方的看法。销售人员要做的，就是认同而不是赞同。认同可以淡化双方之间的冲突，把需要解决的问题看成双方需要共同面对的问题，以利于进一步解决异议。

患者："医生，我真的非常害怕拔牙，太痛了，有别的办法吗？"

医生："我了解你的感受，拔牙时是会有一点痛的。但如果不拔掉这颗牙的话，它就会继续发炎，然后还会伤害到其他的好牙。别害怕，我会尽最大可能减少你的痛苦。"

患者："好吧。"

在处理客户异议时，销售人员若表现出从对方的立场出发，认同客户的感受，就会站在双方共同的利益上客观地审视双方面临的问题，然后和客户协商、达成交易。认同客户的异议，这是成功解决异议的开始。

2. 学会去安抚客户的情绪

心理学家多年的研究结果表明：人们对某个结果产生的过程，比起结果本身更为在乎。根据这种理论，客户在决定购买与否的过程中，是非常痛苦的，当他决定买或者不买之后，就会如释重负。

所以客户提出异议后，销售人员在认同客户感受的基础上，更要安抚好客户的情绪。以友好的态度来对待客户，营造出一种公平、愉快的氛围，给客户带来良好的感觉。

当客户感到愉快、受到重视时，他就会尽量与销售人员沟通，从而可能有更多的机会购买产品。而如果客户感到受威胁时，他就可能会迅速离开现场，让自己回到安全的范围。

所以，安抚客户的情绪是非常重要的。有一个著名的修车厂的业绩一向比同行要高，原因是这个修车厂的服务原则是“先修人，后修车”。当客户来修车时，心情肯定是不好的，所以先安抚客户的情绪才是更重要的事情。在处理客户异议时也是这样，关注客户的情感和需求，直接与客户的情绪对话，真正了解客户的心声，了解客户的心理需求，并对此做出恰当的回应，将会大大提高成交率。

3. 真诚地去处理客户的异议

面对异议时，急躁和不舒服是正常的，但销售人员应该调整态度让客户感觉你明显尊重他的异议。只有在客户感到受尊重时，异议才会被重视，他才会相信你是全力解决问题而不是随口应付。他才会和你交流，说出心里话，提供更多的资料。

（1）进行积极的询问。在一般情况下，异议的背后通常有很复杂的原因。在没有确认客户异议的重点和程度之前，销售人员直接处理客户的反对意见，往往只是治标不治本，甚至有可能引起更多的异议。因此，销售人员积极地向客户询问就尤为重要，多问一些“为什么”，让客户自己说出原因。在询问客户问题时，多问一些开放性的问题，这样客户就会说出更多的信息，销售人员便可以更好地做出判断。

（2）表达自己的诚意。在面对客户的异议时，销售人员可以运用以下回答来表明诚意：“这是我们的责任……是我的错……”“您这么考虑是正常的，不过……”“最迟在今天下午5：00前，我会给您满意的答复的。”“我现在就给经理打电话。”“我立刻去办。”而对于一些情绪化的异议，如“这个包装太难看了”“我不喜欢这个款式”等，销售人员只要面带微笑就可以了，这些意见和眼前的交易没有太直接的关系，销售人员只要以诚恳的态度对待，然后迅速转移话题就可以了。

（3）回答客户的异议。称职的销售人员不但懂得如何找出客户异议的问题所在、准确回答客户的问题，而且还善于选择适当的时机。懂得在何时回答客户异议的销售人员，才会取得更大的成绩。何时回答客户的问题，要具体情况具体对待，在一般情况下，异议是需要立刻回答的，这既是对客户尊重的需要，也是促成客户购买的需要。

## 否定客户要把握好分寸

在销售过程中，当客户的异议来自不真实的信息或者误解时，销售人员可以使用直接否定法，这样可以直接纠正顾客对问题的看法，从而消除异议。不过，在直接否定客户的看法时，销售人员一定要注意语气和措辞，因为直接否定客户是一种危险的方法，处理不好就会让客户恼羞成怒，直接离去。

在大多数情况下，直接反驳客户，容易使气氛紧张，使客户产生敌对心理，不利于客户采纳销售人员的意见。但是，如果客户的反对意见是产生于对产品的误解时，而你确信自己有能力说服客户，你不妨直言不讳。但在反驳客户时，一定要注意用友好而温和的态度，最好是能够引经据典，以绝对优势来说服客户，这样可以让顾客感到你对产品的信心，从而增强顾客对产品的信心。

1. 把握好直接否定客户时的度

客户："我不会跟你们合作的，因为贵公司经常延迟交货，简直是糟糕透顶。"

销售人员："孙经理，您这话恐怕不太符合实际吧？在我接触的客户中，还没有人这样讲。他们都认为本公司的信誉是很好的，在行业内也是有口皆碑的。您这么说，可否举出一个实例？"

在这个案例中，这样的问题是必须直接反驳的，因为"延迟交货、不守信誉"是异议的重点，如果真有此事，客户必然能够拿出证据，但如果客户的说法只是传言、并无实在的证据，客户便会无言以对，异议的问题也就得到了解决。

直接反驳客户异议时，销售人员应该注意以下几点：

（1）态度要委婉。直接反驳客户的异议，必然会在一定程度上引起客户的不快，为了避免触怒客户，销售人员态度应该真诚、语气要诚恳、面带微笑，切勿怒言斥责客户或者挖苦客户。下述销售人员的一段话显然不妥："如果贵公司坚持这个价格的话，请为我公司的员工准备过冬的衣服和食物，总不能让我们的员工饿着肚子、瑟瑟发抖地为你们干活吧。"

（2）对事不对人。在直接反驳客户时，最忌讳的就是伤害客户的自尊。在销售人员委婉说话时，要考虑客户的感受，并尽量把反驳意见针对事情本身，而不要针对客户，这样可以尽可能减少客户不良的心理感受。

（3）针对性询问。如果客户的异议是以问话形式提出的，销售人员运用直接反驳法还是比较好的，这样容易给对方一个肯定、自信的感觉，而且因为客户的异议是问话形式，所以在语气上并不会给客户造成多大的心理伤害。

2. 用间接反驳代替直接反驳

直接反驳客户，容易使双方谈话氛围僵化而不友好，虽然可以说服客户，但容易使客户产生敌对的心理，不利于客户接纳销售人员的意见和建议。如果可能的话，销售人员应尽量采用间接反驳法来代替直接反驳。

间接反驳客户是指销售人员在听完客户的异议后，先肯定对方异议的某一方面，再陈述自己的反对意见，这种方法又叫作

“迂回否定法”。

例如，客户说：“你们这个项目，并不如你说得那么完美，其中存在不少的漏洞。”如果销售人员直接反驳：“孙经理，您错了。您根本没有听明白我的意思。”这必然会引起对方的不快，给对方造成心理压力。如果销售人员说：“孙经理，您说得对，一般客户在看待这个问题时，会有和您相同的看法。即使我自己，也会这样想。但如果仔细想一想，再深入研究一下，您就会发现……”这样对客户说，就容易扭转客户的想法，逐渐让客户同意你的说法。

使用间接反驳法，可以采用以下两种方法：

（1）转化异议。这种方法指的是利用客户的异议为说服客户购买的理由，虽然也是反驳，但这种表达在感觉上不容易被客户注意，而是直接转入问题。例如，客户说：“很抱歉，我财力有限，现在没钱买房。”销售人员回复：“孙经理，可不要这么说，我想正因为您财力有限，现在才是更好的机会。现在房价上涨得这么快，能赶早就不赶晚啊。”

（2）肯定形式，否定实质。每个人都渴望被理解和认同。销售人员间接反驳客户，可以先从对方的意见中找出彼此同意的内容，予以肯定，产生共鸣。之后，再借势说出你的不同看法。这里肯定的只是次要的部分，否定的是问题的本质，但容易被对方接受和认同。

# 引导客户说出真实想法

针对客户的异议与拒绝，销售人员应该充分发挥个人的口才，引导客户向你设定的预期方向转化。

1. 提前进行巧妙的暗示

销售人员在开始同客户会面时，就应留意向客户做些对商品的肯定暗示，从而使对方说不出拒绝的理由。例如：

“夫人，您家里如果装饰上本公司的产品，那肯定会成为小区中最漂亮的房子！”

“本公司的储蓄型保险是您最好的投资机会，5年后开始返还，您获得的红利正好可以支付您儿子的大学生活费！”

在暗示之后，销售人员要给客户一些充分的时间，以便这些暗示逐渐渗透到客户的思想里，进入客户的潜意识。

当销售人员认为已经到了探询客户购买意愿的最好时机时，你可以这样说：

“夫人，您刚搬入新建成的高档住宅区，难道不想买些本公司的商品，为您的新居再增添几分现代情趣吗？”

“为人父母，都要尽可能地让儿女受到最良好的教育，怎么样？您考虑过筹集费用的问题吗？我劝您向本公司投保。”

“您有权花钱买到最佳商品，您可别错过这个机会，买我们的商品吧！”

销售人员利用这些方法给客户一些暗示，客户的态度就会变得积极起来，等到进入推销过程中，客户虽对你的暗示仍有印象，但已不认真留意了。当你稍后再试探客户的购买意愿时，他可能会再度想起那个暗示，而且还会认为这是自己思考得来的呢！

客户经过商谈过程中长时间的讨价还价，办理成交又要经过一些琐碎的手续，所有这些，都会使得客户在不知不觉中将销售人员预留给他的暗示，当作自己的想法，而忽略了它是来自他人的巧妙暗示。因此，客户的情绪受到鼓励，就会更热情地进行商谈，从而避免了那些节外生枝的拒绝与异议的提出，直到达成交易。

2. 设法让客户说“是”

销售人员应尽量避免涉及让对方说“不”的问题，而在谈话之初，就要让他说出“是”。推销时，销售人员刚开始说的那几句话是很重要的，请看下面这个例子：

“有人在家吗？……我是××汽车公司的。今天，我是为了轿车的事情前来拜访的……”

“车？对不起，现在手头紧得很，还不到买的时候。”

很显然，对方的答复是“不”。而一旦客户说出“不”后，要使他改为“是”就很困难了。

因此，在拜访客户之前，首先就要准备好让对方说出“是”的话题。例如，对方一出现在门口，你就递上名片，表明自己的身份，同时说：“在拜访您之前，我已看过您的车了，这间车库好像刚建没多久嘛……”

只要你说的是事实，对方必然不会否认，而只要对方不否认，自然也就会说“是”了。

就这样，你已顺利得到了对方的第一句“是”。这句话本身，虽然不具有太大意义，但却是左右销售进程的一个关键。

“那您一定知道，有车库比较容易保养车子喽？”

除非对方存心和你过意不去；否则，他必然会同意你的看法。这样一来，你不就得到第二句“是”了吗？

如果对方真的要拒绝，那不仅仅是口头上的一声“不”，同时，他所有的生理机能（分泌腺、肌肉等）也都会进入拒绝的状态。

然而，一句“是”却会使整个情况为之改观。

所以说，比“如何使对方的拒绝变为接受”更为重要的是，如何不使对方拒绝。

3. 引出客户的真心话

“考虑看看再说”，也是客户经常使用的拒绝理由之一，话虽然说得婉转，但真正的想法可能是：“我听腻了你那一套说辞，反正我又不打算买，随便敷衍一下，使一下缓兵之计。”在这种情况下，销售人员倘若认为目前时机尚未成熟，真的请客户好好考虑一下，日后再来听取佳音，就未免太过“死板”了！要处理这种状况是有点棘手，因为客户会说出这句话，多半是在销售人员已经做了相当程度的说明后，就算勉强再运用其他拒绝语言处理，效果也不会很好。

销售人员："可是您先前也说过孩子的教育费用……"

客户："所以我才说要再考虑一下！"

销售人员："但是……"

客户："你实在很烦！让我多考虑一下不行吗？"

即使客户先前一直表示赞同，但是面临重要关头却又退缩时，重提此事只会增加客户的厌恶。所以，必须改变一下方式，从另一个角度去引出客户真正的想法，比如说"我是很想买，但是缴费负担太重"，若能让客户说出真心话，就有希望进一步促成交易。

所以，销售人员要懂得调适自己的心态，要有"被拒绝是当然的事"的心理准备，不能恐惧被拒绝，要坚强面对客户的拒绝，引导客户说出真心话。

## 有些异议不必太当真

销售人员被客户直接拒绝是很正常的事，在销售过程中，销售人员碰到客户拒绝的可能性远远大于销售成功的可能性。因此，如何应对客户的拒绝，是销售人员必须面对的问题。

客户拒绝销售人员的原因有很多，许多原因也是销售人员无法改变的。销售人员能做的事情，就是通过沟通越过双方之间的心理障碍，激发客户的兴趣与购买欲望，促成交易。在很多情况下，销售人员的不当销售是遭受客户拒绝的关键因素。如果销售人员能够改变自己和客户沟通的方式，抓住客户的心态，遭受客户拒绝的可能性就会明显减少。

销售人员在和客户沟通的过程中，要排除客户习惯性的拒绝，越过这些不必当真的拒绝。

在以下拒绝方式中，大部分客户都是习惯性的抗拒方式，销售人员不要在这个问题上碰壁就直接放弃，而应该深入进去，找到客户真正拒绝的原因。

1.“我不需要”

这是销售人员经常碰到的拒绝方式，也是客户最习惯说出的一句话。有统计数据表明，将近80%的客户对现有的产品或者服务感到不满意，但却不想采用任何措施去改变现状；有85%的客户实际上没有非常明确的需求。由此可以看出，在大多数情况下，客户说出“我不需要”并不是表明沟通就无法进行了。而是在大多数情况下，销售人员喋喋不休地介绍，让客户产生了抵触心理。

不过，“我不需要”是最容易克服的，良好的开场白可以避免客户的排斥心理，虽然客户嘴上说着“我不需要”，心中可能已经蠢蠢欲动了。

只要销售人员能够讲得足以吸引他的兴趣，就等于有了打开成功大门的钥匙。

2. “我没钱”

比起“我不需要”的使用频率而言，“我没钱”紧随其后。这种拒绝实在让人烦恼，销售最终的障碍也出现在这里。

但是，这句话在更多的时候，只是一种借口，如果客户对产品的需求是强烈和必需的，没钱的借口就不攻自破。因此，销售人员不必因为客户提出“没钱”的异议就否定这次推销。如果出现了这种情况，只说明销售人员对客户的需求启发不够，对产品带来的利益让客户明白得不多。

3. 不必回答的问题

在销售人员和客户沟通的过程中，往往会遇到很多问题，比如一位客户似乎对一款家电感兴趣，但在购买决定做出前，突然指责家电上的一些小问题，在销售人员和他争辩的过程中，客户愤然离去。

在这个案例中，客户所指的问题，最大可能是他想要压价的借口，而不是问题本身。这样的异议是不需要回答的，解释和争辩只能使问题越来越乱。

同样，很多问题是不需要回答的，客户提出的异议会随着业务洽谈的进行而解决。对于客户提出的一些自我表现性的问题、容易造成争论的问题、明知故问的发难等，销售人员可以不予回答，最好采用的方式是：沉默、假装没有听见、答非所问、转移对方的话题。

当客户真正对产品发生兴趣时，他们即使提出一些异议，这也并非表明他们是在真的拒绝，在大多数情况下，这只是他们采用的一种手法。

销售人员必须要有足够的承受能力，千万不要让客户的一个“不”字就把你击垮了。